Ecue-Yamba-O

Sección: Literatura

Alejo Carpentier:
Ecue-Yamba-O

El Libro de Bolsillo
Alianza Editorial
Madrid

®

© Alejo Carpentier
© Alianza Editorial, S. A., Madrid, 1989
C/ Milán, 38; 28043 Madrid; teléf.: 200 00 45
I.S.B.N.: 84-206-0382-1
Depósito legal: M-1281-1989
Papel fabricado por Sniace, S. A.
Impreso en Artes Gráficas Ibarra, S. A. Matilde Hernández, 31. 28019 Madrid
Printed in Spain

Prólogo

En un artículo de juventud, Carlos Marx define la *vanguardia* como una actividad filosófica, situada en las avanzadas de la lucha social, vista como «un factor poderoso en la lucha por una transformación radical de la sociedad»[1]. Así: «del mismo modo que la filosofía halla en el proletariado su arma *material*, el proletariado halla en la filosofía su arma espiritual». El sentido de la palabra *vanguardia* estaba, pues, perfectamente definido en cuanto a lo intelectual desde los días en que Marx, en ese mismo texto (*«Crítica de la filosofía del derecho de Hegel»*) traza un certero aunque breve cuadro de las múltiples manifestaciones de la ideología conservadora y reaccionaria.

Sin embargo, en la década 1920-1930, la palabra «vanguardia», separada inesperadamente de su contexto político, cobra, por un tiempo, un nuevo significado. Ante un brote de ideas nuevas, en lo pictórico, en lo

---

[1] *Karl Marx, Sa vie. Son oeuvre*, Moscú, Editions du Progrès, p. 52.

poético, en lo musical, los críticos y teorizantes califican
de *vanguardia* todo aquello que rompe con las normas
estéticas establecidas —con lo académico, lo oficial y lo
generalmente preferido por el «buen gusto» burgués. Y
se llama «vanguardista» a todo pintor, músico o poeta
que, independientemente de cualquier definición política, rompe con la tradición en cuanto a la técnica, inven-
ción de formas, experimentos en los dominios de la literatura, el teatro, el sonido, el color, en busca de expre-
siones inéditas o renovadoras, animado por un juvenil e
impetuoso afán de originalidad.

Así, nacen los «ismos» («vanguardismos») en todas
partes. Tras del *Futurismo* italiano, del *Suprematismo*
ruso, del *Cubismo* parisiense (anteriores a la Primera
Guerra Mundial), es el *Dadaísmo* nacido en Zurich hacia
el año 1917, pronto seguido por el *Ultraísmo* español,
movimientos estos que no tardan en tener repercusio-
nes en América Latina, a partir de los años 1922-1923,
con el *Estridentismo* mexicano (en el cual se destacaron
muy especialmente los poetas Manuel Maples Arce y
Arqueles Vela...) y otros ismos, más o menos diluidos,
entre Buenos Aires y La Habana, en revistas que se titu-
laron *Proa, Hélice, Vértice, Espiral,* o, en Cuba, sencillamente *Revista de Avance* («avance», por no decir «vanguardia»). Y, mientras aparecían los códigos de tales
movimientos con los libros muy difundidos que fueron,
en nuestro idioma, *El Cubismo y otros ismos* de Ramón
Gómez de la Serna y *Literaturas europeas de vanguardia* de
Guillermo de Torre, nacía en París, sobre las ruinas de
un *Dadaísmo* que había querido destruirse a sí mismo, el
que habría de ser el último y más importante *ismo* artísti-
co y poético de este siglo: el *Surrealismo.*

Encarcelado por la policía de Machado en 1927, para
burlar el tedio del encierro en la prisión que entonces se
alzaba en Prado N.º 1 (dándose el caso singular, surrea-
lista si se mira bien, de que el siniestro edificio se inscri-
biera en la bella avenida que era el lugar de paseo prefe-

rido por la burguesía habanera de aquellos años), pensé
en escribir lo que habría de ser mi primera novela:
Ecue-Yamba-O, libro que se resiente de todas las angus-
tias, desconciertos, perplejidades y titubeos que implica
el proceso de un aprendizaje. Para todo escritor es ardua
la empresa de escribir una primera novela, puesto que
los problemas del qué y del cómo, fundamentales en la
práctica de cualquier arte, se plantean de modo imperioso ante quien todavía no ha madurado una técnica ni ha
tenido el tiempo suficiente para forjarse un estilo personal. En ese momento, suele recurrirse a la imitación
más o menos manifiesta de un buen modelo adaptado a
las propias voliciones. De 1900 a 1920 habíamos tenido
escritores, en América Latina, que nos habían dado buenas novelas más o menos calcadas —en cuanto a «mo-
dos de hacer»— de los patrones del naturalismo francés
o del realismo galdosiano. Cambiaban los paisajes, la atmósfera; traíamos los personajes a nuestro ámbito, po-
niéndoles otros trajes, tiñendo su vocabulario de modis-
mos, pero los procedimientos eran los mismos... Dos
novelas vienen a romper, sin embargo, en menos de dos
años, nuestra visión de la novela latinoamericana: *La
Vorágine* (1924) y *Don Segundo Sombra* (1926). Nacía, en
nuestro continente, una novela nacionalista, vernácula,
dotada de un acento nuevo (anunciado ya, en 1916, por
Los de abajo de Azuela, sin olvidar algunas obras precur-
soras, pero que sólo conoceríamos tardíamente a causa
de la incomunicación editorial que entonces existía entre nuestros países). Ahí estaban, pues, los modelos. Ese
era el rumbo. Pero ahora surgía otro problema: había
que ser *vanguardista.* La época, las tendencias afirmadas
en manifiestos estrepitosos, la fiebre renovadora (más
breve, lo veríamos después de lo que creíamos...) nos
imponían sus deformaciones, su ecología verbal, sus lo-
cas proliferaciones de metáforas, de símbolos mecánicos,
su lenguaje puesto al ritmo de la estética futuris-
ta (porque, lo vemos ahora, todo salía de allí...) que, al

fin y al cabo, estaba engendrando una nueva retórica[1]. Pero muy pocos fueron los escritores cubanos de mi generación —un Guillén, un Marinello, notables excepciones— que vieron dónde estaba la retórica subrepticia, aun sin preceptiva aparente, que se nos colaba, cosa muy nueva, y por nueva «revolucionaria», en un ámbito donde aún demoraban los efluvios preciosistas y musicales de un «modernismo» nuestro, nacido en América Latina, cuya presencia —muy pocos años después del paso de Rubén Darío por La Habana— se detectaba todavía en la obra de poetas que se contaban entre los mejores del momento.

Había, pues, que ser «nacionalista», tratándose, a la vez, de ser «vanguardista». *That's the question...* Propósito difícil, puesto que todo nacionalismo descansa en el culto a una tradición y el «vanguardismo» significaba, por fuerza, una ruptura con la tradición. De ahí que la ecuación de más o menos, de menos y más, de conciliación de los contrarios, se resolviera, para mi hamlético monólogo juvenil, en el producto híbrido —forzosamente híbrido, aunque no carente de pequeños aciertos, lo reconozco— que ahora va a leerse... Y debo decir que durante años, muchos años, me opuse a la reimpresión de esta novela que vio la luz en Madrid, en 1933, en una empresa editorial[2] recién fundada por tres hombres cuyos nombres mucho habrían de sonar en un futuro próximo: Luis Araquistain, Juan Negrín y Julio Álvarez del Vayo. Y digo que me opuse a su reimpresión, porque después de mi ciclo americano que se inicia con *El reino de este mundo*, veía *Ecue-Yamba-O* como cosa novata, pintoresca, sin profundidad —escalas y arpegios de estudiante. Mucho había conocido a Menegildo Cué, ciertamente, compañero mío de juegos infantiles. El viejo Luis, Usebio y Salomé —y también Longina, a

---

[1] Véase, al respecto, el melancólico recuento que constituye la antología: *Los vanguardistas españoles*, de Buckley y Crisín, Madrid, 1973.

[2] «Editorial España».

quien ni siquiera cambié el nombre— supieron recibir-
me, a mí, muchacho blanco a quien su padre, para escándalo de las familias amigas, «dejaba jugar con negritos», con el señorial pudor de su miseria en bohíos donde la precaria alimentación, enfermedades y carencias se
padecían con dignidad, hablándose de esto y aquello en
un lenguaje sentencioso y gnómico. Creí conocer a mis
personajes, pero con el tiempo vi que, observándolos
superficialmente, desde fuera, se me habían escurrido en
alma profunda, en dolor amordazado, en recónditas
pulsiones de rebeldía: en creencias y prácticas ancestrales
que significaban, en realidad, una resistencia contra el
poder disolvente de factores externos... Además... ¡el
estilo mío de aquellos días! ¡El bendito «vanguardismo»
que demasiado a menudo asoma la oreja en algunos ca-
pítulos —el primero, sobre todo!...

   No había querido, pues, que esta novela volviese a
publicarse hasta el día en que una editorial pirata de
Buenos Aires lanzó de ella, al mercado latinoamericano,
una horrorosa edición, colmada de erratas, de líneas sal-
tadas, de empastelamientos, de la cual, para colmo, se
eliminó la mención final de lugar y año —«Cárcel de La
Habana, agosto 1-9 de 1927»—, con el evidente propósito de engañar al lector, haciéndole creer que se trataba
de una obra reciente, posterior a *El Siglo de las Luces*, y,
por lo tanto, más actual. Dicha edición circuló por todos los países de América Latina, cruzó el Atlántico, invadió las librerías españolas, y fue reeditada —piratería
en cadena— por una empresa uruguaya de cuyo nombre no quiero acordarme.

   Y ya que el libro anda rodando por los reinos de este
mundo, me resuelvo hoy a entregarlo a las prensas
para que, al menos, sobre valor de documento, per-
pertamente fechado, explicado y ubicado por el presente prólogo, dentro de la cronología de mi producción.

   El primer capítulo es visión —«vanguardista», como

dije— de un ingenio en plena zafra. Se dice que: «hay guerra, allá en *Uropa*». Guerra que es la del 14-18, en el comienzo del tiempo que dio en llamarse de las «vacas gordas» por la mirífica y breve ola de prosperidad que nos trajo la contienda. Se importan braceros haitianos y jamaiquinos; hay muchos emigrantes gallegos, bodegas de chinos, etcétera, etcétera... El nacimiento de Menegildo se sitúa años atrás, forzosamente, ya que se alude, más adelante, cuando ya el personaje es hombre hecho y derecho, a una gran miseria que fue, para el pueblo, la de los últimos años del machadato (cap. 34), con una «vida de milagros», cada día renovada. Hay alusiones al latifundio y a sus procedimientos (cap. 6), y a la faramalla politiquera de los primeros años de la República intervenida (cap. 27). Hay un ciclón que prefigura el que habrá de verse en *El Siglo de Las Luces*. La secuencia del rompimiento ñáñigo se debe a lo apuntado por mí en ceremonias a las cuales asistía en compañía del compositor Amadeo Roldán, cuando trabajábamos en el texto y música de los ballets, *La rebambaramba* y *El milagro de Anaquillé*. (Desde entonces esas cuestiones se estudiaron a fondo, pero, dentro de un tratamiento que no aspira al rigor científico, lo descrito, en sus líneas generales, responde bastante exactamente a la realidad.) Los cuadros de la prisión son los que contemplaba yo en los días mismos en que escribí el primer estado de la novela —poco modificado, aunque bastante ampliado, en la versión de 1933...

Muerto Menegildo, nace un segundo Menegildo —su hijo— en el capítulo final de la novela. Ése tendrá veintiocho años en 1959. Habrá visto otras cosas, habrá oído otras palabras. Y, para él, «otros gallos cantarán» —como hubiese dicho el sentencioso Usebio Cué— en el alba de una Revolución que habrá de darle su dignidad y dimensión de Hombre, dentro de una realidad nueva, sobre un suelo donde, hasta entonces, por el color de su piel, tal dimensión le era negada.

ALEJO CARPENTIER

I

Infancia

I

Paisaje (a)

Anguloso, sencillo de líneas como figura de teorema, el bloque del Central San Lucio se alzaba en el centro de un ancho valle orlado por una cresta de colinas azules. El viejo Usebio Cué había visto crecer el hongo de acero, palastro y concreto sobre las ruinas de trapiches antiguos, asistiendo año tras año, con una suerte de espanto admirativo, a las conquistas de espacio realizadas por la fábrica. Para él la caña no encerraba el menor misterio. Apenas asomaba entre los cuajarones de tierra negra, se seguía su desarrollo sin sorpresas. El saludo de la primera hoja; el saludo de la segunda hoja. Los canutos que se hinchan y alargan, dejando a veces un pequeño surco vertical para el «ojo». El visible agradecimiento ante la lluvia anunciada por el vuelo bajo de las auras. El cogollo, que se alejará algún día, en el pomo de una albarda. Del limo a la savia hay encadenamiento perfecto. Pero hecho el corte, el hilo se rompe bajo el arco de la romana. Habla el fuego: «Por cada cien arrobas de caña que el colono entregue a la Compañía, recibirá el equivalente en moneda oficial de *equis* arrobas de azúcar centrífuga, polarización 96 grados, según el promedio quincenal correspondiente a la quincena en que se hayan molido las cañas que se liquidan...» La locomotora arrastra millares de sacos llenos de cristalitos rojos que todavía saben a tierra, pezuñas y malas palabras. La refinería extranjera los devolverá pálidos, sin vida, después de un viaje sobre mares descoloridos. De la disciplina de sol a la disciplina de manómetros. De la yunta terca, que entiende de voz de hombre, a la máquina espoleada por picos de alcuzas.

Como tantos otros, Usebio Cué era siervo del Central. Su pequeña heredad no conocía ya otro cultivo que el de la «cristalina». Y a pesar del trabajo intensivo de las colonias vecinas, la producción de la comarca entera bastaba apenas para saciar los apetitos del San Lucio, cuyas chimeneas y sirenas ejercían, en tiempos de zafra, una tiránica dictadura. Los latidos de sus émbolos —émbolos jadeantes, fundidos en tierras olientes a árbol de Navidad—, podían alterar a capricho el ritmo de vida de los hombres, bestias y plantas, imprimiéndole frenéticas trepidaciones o inmovilizándolo a veces de modo cruel... En torno a un vasto batey cuadrangular, un caserío disparatado albergaba a los braceros y dignatarios de la fábrica. Había largos hangares con techumbre roja, de hierro corrugado, y paredes enjalbegadas con cal, destinadas a los trabajadores ínfimos. Varias residencias burguesas promovían una competencia de columnitas catalanas y balaustres de melcocha. La botica de don Matías, que exhibía anacrónicas bolas de vidrio llenas de agua-tinta, estaba coronada por un anuncio de fotografía pueblerina, realzado por las siluetas de tres cañones coloniales y una jaula en que enflaquecía un mono roñoso. Más lejos, sonrientes y decentitas como alumnas de un colegio yanqui, se alineaban algunas casitas de piezas numeradas y tabiques de cartón, enviadas de La Habana la semana anterior y que serían ocupadas por los químicos y empleados de la administración. No faltaba un ridículo campanario semigótico, con estereotomía figurada, ni la glorieta de cemento llena de inscripciones obscenas y dibujos fálicos trazados a lápiz por los niños que, después de cantar el *hilno*, aullaban al salir de la escuela pública: «La bola del mundo se cayó en el mar —ni tu padre ni tu madre se pudieron salvar...» Una calle algo apartada mostraba los bohíos que solían ocupar mujeres venidas cada año a «hacer la zafra». Y de trecho en trecho se erguían aún viejas casonas de vivienda, de modelo antiguo, con sus anchos soportales guarnecidos de persianas, puntales de cuatro metros y triple capa de tejas criollas, onduladas y cubiertas de musgo.

También se veían dos o tres calles rectas, casi vírgenes de casas, desafiando los palmares con sus aceras rajadas y sus arbolitos tallados en bola. Varias carrileras estrechas se zambullían en la lejanía verde, partiendo de la boca del ingenio. Un terreno de pelota, feudo de la novena local, mostraba su trazado euclidiano invadido por los guizazos. Un zapato clavado en el *home*. Las romanas seccionaban el azur, semejantes a grandes testeros luminosos. Mil alcachofas de porcelana relucían en brazos de los postes telegráficos. Transbordadores, discos, agujas y mangas de agua presentaban armas de las guardarrayas. El balastro de las vías era un picadillo de hojas cortantes y secas. Surcando campos de caña, alguna locomotora arrojaba bufidos de humo en el espacio... Todavía existía en alguna parte, solitaria y hendida, la campana que había servido antaño para llamar a los esclavos.

Después de varios meses de calma —calma de alta mar sin brisa—, al final de un otoño calcinado por polvaredas y aguaceros tibios, una brusca actividad cundía por las campiñas en vísperas de Nochebuena. Los trenes venían cargados de cajas, piezas consteladas de tuercas, tambores de hierro. Cilindros rodantes, pintados de ne-

gro, se alineaban en las carrileras muertas. Los colonos
iban y venían. En las tierras, en el caserío, sólo se pensaba en reparar carretas, afilar mochas, limpiar calderas
y llenar de grasa las cazoletas de frotación. La piedra gemía bajo el filo del machete. Las bestias husmeaban con
inquietud. Por las noches, a la luz de los quinqués, se
veían danzar sombras de todos los bohíos... Entonces
comenzaba la invasión. Tropeles de obreros. Capataces
americanos mascando tabaco. El químico francés que
maldecía cotidianamente al cocinero de la fonda. El pesador italiano, que comía guindillas con pan y aceite. El
inevitable viajante judío, enviado por una casa de maquinaria yanqui. Y luego, la nueva plaga consentida por
un decreto de Tiburón dos años antes: escuadrones de
haitianos harapientos, que surgían del horizonte lejano
trayendo condotiero negro con sombrero de guano y
machete al cinto. Los campamentos de cortadores se organizaban alrededor de cabañas de fibra y hoja, que evocaban los primeros albergues de la Humanidad. Los rescoldos calentaban las bazoñas de congrí que negros doc-
tos en *patuá* engullerían durante semanas enteras. Después llegaban los de Jamaica, con mandíbulas cuadradas
y *over-alls* descoloridos, sudando agrio en sus camisas de
respiraderos. Con ellos venían madamas ampulosas, llevando anchos sombreros de plumas, tan arcaicos y
complicados como los que todavía lucen en sus fotografías las princesas alemanas. El alcohol a fuertes dosis y
el espíritu de la Salvation Army entraban en escena in-
mediatamente, en lógico encadenamiento de causas y
efectos.

Pronto aparecen los emigrantes gallegos. Arrastran
alpargatas, y sus caras, cubiertas de granos, eliminan los
vinillos ácidos de la montaña. Hacinados como aren-
ques en el barco francés que los trajo de La Coruña, se
apretujan de nuevo en los barracones que les son señala-
dos. Algunos polacos tenaces se improvisan tenduchos
sobre el vientre, ofreciendo mancuernas de hueso, cue-

llos de seda tornasolada, ligas púrpura y preservativos
alemanes disimulados en cajas de cerillas. Los horticultores asiáticos se arrodillan en el huerto de la casa vivienda con gestos de cartomántica. Los almacenistas
chinos invierten millares de dólares en balas y toneles
que les son enviados por Sung-Sing-Lung —cacique ali-
menticio del barrio amarillo de la capital—, con el fin
de librar ruda competencia a la bodega del Central, re-
cientemente abierta para ordeñar al bracero las monedas
que acaban de dársele. En las fondas se descargan placas
de tasajo y secciones de bacalao; un saco roto deja caer
garbanzos en cascada sobre un cerdo que chilla. Dos is-
leños en una etiqueta de gofio. El hotel americano hace
barnizar su bar de falsa caoba. Hay cigarrillos extranjeros con las figuras de príncipes bizcos. Ladrillos de andullo envueltos en papel plateado. Fátimas con odalis-
cas. Marcas que ostentan escudos reales, khnedives o
mocasines indios. Los cafetuchos y cantinas se adere-
zan. Cien alcoholes se sitúan en los estantes. La caña
santa, que huele a tierra. Los rones «de garrafón». Los
escarchados turbios, cuyas botellas-acuarios encierran
un retoño de azúcar candi. En algunas etiquetas bailan
militares con sayo de whiskis escoceses. Carta blanca.
Carta de oro. Las estrellas de coñac se vuelven constela-
ciones. Hay torinos fabricados en Regla y anís en frascos patrioteros con cintas de romería. Medallas. La Exposición de París. *El preferido.* Una litografía que muestra una ecuyere con traje de lentejuelas y botas a media
pierna, sentada en las rodillas de un anciano lujurioso y
condecorado. No falta siquiera el Mu-kwe-ló de arroz,
preso en ventrudos potes de barro obscuro que llegaron
al caserío, después de cincuenta días de viaje, vía San
Francisco, envueltos en manifiestos del partido nacionalista chino. La sed es epidémica. La bebida templa los
nervios de los que entrarán cotidianamente en el vientre
del gigante diabético.

Durante varios días, un estrépito creciente turba las

calles del pueblo. Los himnos religiosos, aullados por jamaiquinas, alternan con puntos guajiros escandidos por
un incisivo teclear de claves. El fonógrafo de la tienda
china eyacula canciones de amor cantonesas. Las gaitas
adiposas de algún gallego discuten con los acordeones
asmáticos del haitiano. Las pieles de los bongoes vibran
por simpatía, descubriendo el África en los cantos de la
gente de Kingston. Se juega a todo: a los dados, a las ba-
rajas, al dominó, al ventilador considerado como ruleta,
a las moscas volando sobre montículos de azúcar turbi-
nada, a los gallos, a la sartén, a las tres chapitas, al «cochino ensebao...» (Los haitianos «se juegan el sol antes
del alba», opinan los guajiros cubanos.) Y un buen día
hay una animación de nuevo aspecto en las calles del caserío. La disciplina se hace sentir en medio del desorden. El ambiente se empapa de una preocupación. La
luz, los árboles, las bestias, parecen aguardar algo. La
brisa se deja escuchar por última vez en los alrededores
de la fábrica. Se espera...

Entonces rompe la zafra.

Las máquinas del Central —locomotora sin rieles—
despiertan progresivamente. Las agujas de válvulas comienzan a agitarse en sus pistas circulares. Los émbolos
saltan hacia las techumbres sin poder soltar las amarras.
Hay acoplamientos grasientos del hierro con el hierro.
Ráfagas de acero se atorbellinan en torno a los ejes. Las
trituradoras cierran rítmicamente sus mandíbulas de tiburón. Las dínamos se inmovilizan a fuerza de velocidad. Silban las calderas. Las cañas son atirabuzonadas,
deshechas, olidas, reducidas a fibra. Su sangre corre,
baja, se canaliza, en una constante caída hacia el fuego.
Cunde el vaho de cazuelas fabulosas. Los hornos que-
man bagazo con carbón de Noruega. Los químicos ex-
traen el licor ardiente, lo hacen recorrer laberintos de
cristal, trastornan la sintaxis de la melaza, hacen la reac-
ción Wasserman del monstruo que trepida y ensucia el
paisaje. Cifras, grados, presiones. Cifras, grados. Gra-

dos. Un alud de cristales húmedos muere en sacos cubiertos de letras azules. Centrífuga, noventa y seis grados. «Por cada cien arrobas pagamos...» Sube el azúcar. Sube el promedio quincenal. Subirá más. «Hay guerra allá en Uropa.» Grados, presiones. El Kaise. Yofré. A corte y tiro en la colonia, amputaciones y tiros que nos cubrirán de oro. «Me siento alemán.» Casi tres centavos por libra. ¿Batiremos el récord del 93? ¿A cuatro? ¿A cinco? ¿A...? «¡Deme veinte mil pesos de brillantes!» «Por cada cien arrobas pagamos...» ¡Azúcar, azucara, azucarará! ¡El ingenio es de ley! Un olor animal, de aceite, de savia, de sudor, se estaciona en el paraninfo que jadea y tiembla. Los conductos y bielas tienen sacudidas y contracciones de intestinos metálicos. Una formidable batería de tambores redobla bajo tierra. Los hombres, asexuados, casi mecánicos, trepan por las escalas y recorren plataformas, sensibles a los menores fallos de los organismos atornillados que relucen y vibran bajo sudarios de vapor.

Afuera, las piscinas de resfriar el agua fingen cataratas en competencia. Diez mil arcoiris bailan en las duchas lechosas. ¡Pueden acariciarse con las manos...! Y el ingenio traga interminables caravanas de carretas, cargas de caña capaces de azucarar un océano. El «baculador» gime sin tregua. *La cucaracha* del Central alardea de locomotora verdadera. Crecen dunas de cachaza. La escoria de la miel engordará vacas americanas. Todo se crea; nada se pierde. La fábrica ronca, fuma, estertora, chifla. La vida se organiza de acuerdo con sus voluntades. Cada seis horas se le envían centenares de hombres. Ella los devuelve extenuados, pringosos, jadeantes. Por las noches arden en la obscuridad como un trasatlántico incendiado. Nadie contraría sus caprichos. Todos los relojes se ponen de acuerdo cuando suenan sus toques de sirena.

Y esto dura meses.

2

Paisaje (b)

Cuando las lentas carretas de caña, pesadas, renqueantes, llegaban frente al bohío del viejo Cué, las picas se alzaban, y se descansaba un instante al amparo del gran tamarindo con sombras de encaje. Belfos en tierra, los bueyes resoplaban como motores recalentados, abanicándose las ancas con la cola. Los hombres dejaban caer sus sombreros y, con dos dedos, se desprendían de la frente un lodo de sudor y polvos rojizos. Un vaho tembloroso se alzaba sobre las hierbas cálidas. Las palmeras estaban quietas como plantas de acuario. Las palmacanas crepitaban en sordina. Había huelga en el aserradero de los grillos. Al mediodía el sol era tan grande que llenaba todo el cielo.

Los guajiros se acercaban entonces a una claraboya tallada a machetazos en el seto de cardón, y saludaban a la comadre Salomé, que manipulaba trapos mojados junto al platanal. Ella inmovilizaba sus manos negras en el agua lechosa:

—¿Y por allá? ¿Y lo' muchacho...?

Los carreteros trepaban nuevamente por las escalas redondas de las altas ruedas. Las bestias empujaban el yugo. Y se rodaba, cuesta abajo, hacia la carretera del Central, arrancando lamentaciones a las maderas mal encajadas. Volando muy alto, las auras parecían sostener las nubes petrificadas sobre sus alas abiertas.

3

Natividad

Aquella mañana Salomé trabajaba rudamente. Sus gruesas manos arremolinaban la espuma de la batea, amasando paños con ruido de mascar melcocha.

—¡Demonio! ¡Lo que es laval guayaberas embarrás de tierra colorá!

De cuando en cuando un mocoso prorrumpía en sollozos dentro del bohío.

—¡Barbarita sinbelgüenza; suet'ta a tu em'manito!

Pero los chillidos volvían a oírse con una intermitencia monótona. Cerdos negros y huesudos gruñían melancólicamente en el batey, mordisqueando semillas secas y haciendo rodar viejas latas de leche condensada. Junto al platanal, una choza de guano cobijaba restos de tinajas rotas y una «pipa» de agua, hirviente de gusaprapos, montada en *rastra* triangular.

Salomé se sentía nerviosa y adolorida. Ya se disponía a tender la ropa al sol, llevándola sobre su vientre abultado, cuando sintió unas punzadas que conocía de sobra. Era como si le ladraran en las entrañas. Algo comenzaba a desplazarse dentro de ella; algo que buscando un nuevo equilibrio, promovía linfas, desgarres y resabios de la carne... Soltó el fardo y corrió hacia la cabaña. Se dejó caer sobre su cama de sacos, rodeada por el cloqueo de las gallinas que acudían en bandadas.

—Barbarita, corre a buscal a Luisa y dile que venga enseguía, que voy a dal a lú...

La rapaza echó a correr, haciendo sonar sordamente sus pies desnudos en el suelo de tierra apisonada.

Cuando apareció la vieja Luisa, acompañando de su prole curiosa, Salomé restregaba con el borde de sus faldas un horrendo trozo de carne amoratada. Un nuevo cristiano enriquecía la ya generosa estirpe de los Cué.

—¡Ay, comadre! ¿Cómo no me mandó a llamal ante?

¡No había cuidado! Esta era materia harto repasada por Salomé. Lo que sí le pediría a la comadre era que alineara a lo largo de una cuerda, junto al almácigo, las ropas mojadas que había dejado abandonadas entre las hierbas.

—Lo cochino, sinbelgüenza, deben habel'la ensuciao toa con e'jocico.

El quejido de una sirena lejana se abrió sobre las campiñas como un abanico. El turno de 12-6 comenzaba en el Central.

—Comadre... Y póngame a sancochal las viandas. ¡Que orita vienen Usebio y Luí!

Luego, las dos mujeres comenzaron a cuidar del rorro. La escena era presidida por un Sagrado Corazón de Jesús, pegado en un calendario de hacía diez años, que mostraba la divina herida descolorida por la luz. Un olor de leña quemada se desprendía de las paredes de yaguas resecas. Barbarita y Tití contemplaban silenciosamente a su madre, desde la puerta, alzando dedos llenos de saliva, como mudas interrogaciones. Una lagartija, fallando el salto a una mosca, fue a caer sobre el vientre de la criatura arrugada y húmeda. El recién nacido esbozó una queja.

—¡Cállate, Menegildo!

En la entrada del batey se oyó el ladrido de Palomo.
Era el viejo Luí, que regresaba del caserío, con un mazo
de cogollos atravesado en el pomo de la albarda.

4

Iniciación (a)

Cuando se cansó de explorar el bastidor de sacos que hasta entonces había constituido su único horizonte verdadero, Menegildo quiso seguir a sus hermanos, que lo miraban con los ojos y los dientes. Rodó sobre el borde del lecho. El topetazo de su cabeza en la comba de una jícara interrumpió un amoroso coloquio de alacranes, cuyas colas, voluptuosamente adheridas, dibujaban un corazón de naipes al revés. Como nadie escuchaba sus gemidos, emprendió, a gatas, un largo viaje a través del bohío... En sus primeros años de vida, Menegildo aprendería, como todos los niños, que las bellezas de una vivienda se ocultan en la parte inferior de los muebles. Las superficies visibles, patinadas por el hábito y el vapor de las sopas, han perdido todo poder de atracción. Las que se ocultan, en cambio, se muestran llenas de pequeños prodigios. Pero las rodillas adultas no tienen ojos. Cuando una mesa se hace techo, ese techo está constelado de nervaduras, de vetas, que participan del mármol y de la ola. La tabla más tosca sabe ser mar tor-

mentoso, como un *maelstrom* en cada nudo. Hay una cabeza de caimán, una niña desnuda y un caballo de medalla cuyas patas se esfuman en el alma de la madera.
Eclipses y nubes en la piel de un taburete iluminada por
el sol. Durante el día, una paz de santuario reina debajo
de las camas... Pero el gran misterio se ha refugiado al
pie de los armarios. El polvo transforma estas regiones
en cuevas antiquísimas, con estalactitas de hilo animal
que oscilan como péndulos blandos. Los insectos han
trazado senderos, fuera de cuyos itinerarios se inicia el
terrero de las tierras sombrías, habitadas por arañas car-
nívoras. Allí suelen encontrarse tesoros insospechados,
ocultos por el polen estéril de la materia dsgastada: un
centavo de cobre, una aguja, una bola de papel plateado... Desde ahí, el mundo se muestra como una selva de
pilares, que sostienen plataformas, mesetas y cornisas
pobladas de discos, filos y trozos de bestias muertas...
Menegildo sentía, palpaba, golpeaba, al lanzar su primera ojeada sobre el universo. Descansó un instante al
abrigo de una silla, antes de culminar el periplo de la pe-
sada albarda criolla que yacía abandonada en un rincón.
El sudor de los caballos sabe a sal. Es grato llenarse la
boca de tierra. Pero la saliva no derretirá nunca la estrella fría de una espuela. Menegildo cortó el viviente cor-
dón de una procesión de bibijaguas que portaban bande-
ritas verdes. Más allá, un lechón lo empujó con el hoci-
co. Los perros lo lamieron, acorralándolo debajo de un
fogón ruinoso. Una gallina enfurecida le arañó el vientre. Las hormigas bravas le encendieron las nalgas. Menegildo chilló, intentó levantarse, se llenó de astillas.
Pero, de pronto, un maravilloso descubrimiento trocó
su llanto por alborozo: desde una mesa baja lo espiaban
unas estatuillas cubiertas de oro y colorines. Había un
anciano, apuntalado por unas muletas, seguido de dos
canes con la lengua roja. Una mujer coronada, vestida
de raso blanco, con un niño mofletudo entre los brazos.
Un muñeco negro que blandía un hacha de hierro. Co-

llares de cuentas verdes. Un panecillo atado con una cinta. Un plato lleno de piedrecitas redondas. Mágico teatro, alumbrado levemente por unas candilejas diminutas colocadas dentro de tacitas blancas... Menegildo alzó los brazos hacia los santos juguetes, asiéndose del borde un mantel.

—¡Suet'ta eso, muchacho! —gritó Salomé, que entraba en la habitación—. ¡Suet'ta! ¿Cómo te apeat'te de la cama, muchacho?... ¡Y etá tó arañao!...

Aquella noche, para preservar al rorro de nuevos peligros, la madre encendió una velita de Santa Teresa ante la imagen de San Lázaro que presidía el altar.

5

Terapéutica (a)

Al cumplir tres años, Menegildo fue mordido por un cangrejo ciguato que arrastraba sus patas de palo en la cocina. El viejo Beruá, médico de la familia desde hacía cuatro generaciones, acudió al bohío para «echar los caracoles» y aplicar con sus manos callosas tres onzas de manteca de majá sobre el vientre del enfermo. Después, sentado en la cabecera del niño, recitó por él la oración al Justo Juez: «Ea, Señor, mis enemigos veo venir y tres veces repito: cución de hombres y alimañas:

»Hay leones y leones que vienen contra mí. Deténgase en sí propio, como se detuvo el Señor Jesucristo con el Dominusdeo, y le dijo al Justo Juez: 'Ea, Señor, mis enemigos veo venir y tres veces repito: ojos tengan, no me vean; manos tengan, no me toquen; boca tengan, no me hablen; pies tengan, no me alcancen. Con los dos miro, con tres les hablo. La sangre les bebo y el corazón les parto. Por aquella santa camisa en que tu Santísimo Hijo fe envuelto. Es la misma que traigo puesta, y por ella me he de ver libre de prisiones, de malas lenguas,

de hechicerías, de *daños,* de muertes repentinas, de puña-
ladas, de mordeduras de animales feroces y envenena-
dos, para lo cual me encomiendo a todo lo angélico y
sacrosanto y me han de amparar los Santos Evangelios,
pues primero nació el Hijo de Dios, y ustedes llegaron
derribados a mí, como el Señor derribó el día de Pascuas a sus enemigos. De quién se fía es de la Virgen María, de la hostia consagrada que se ha de celebrar con la
leche de los pechos virginales de la Madre. Por eso me
he de ver libre de prisiones, ni seré herido ni atropella-
do, ni mi sangre derramada, ni moriré de muerte repentina, y también me encomiendo a la santa Veracruz.
Dios conmigo y yo con Él; Dios delante, yo detrás de
Él. Jesús, María y José.»

6

Bueyes

Hacía tiempo ya que una obscura tragedia se cernía sobre los campos que rodeaban el Central San Lucio. A medida que subía el azúcar, a medida que sus cifras iban creciendo en las pizarras de Wall Street, las tierras adquiridas por el ingenio formaban una mancha mayor en el mapa de la provincia. Una serie de pequeños cultivadores se habían dejado convencer por las ofertas tentadoras de la compañía americana, cediendo heredades cuyos títulos de propiedad se remontaban a más de un siglo. Las fincas de don Chicho Castañón, las de Ramón Rizo, las de Tranquilino Moya y muchas más habían pasado ya a manos de la empresa extranjera... Usebio terminó por verse rodeado de plantíos hostiles, cuyas cañas, trabajadas por administración, gozaban siempre del derecho de prioridad en tiempos de molienda. No le habían faltado proposiciones de compra. Pero cada vez que «le venían con el cuento» Usebio respondía, sin saber exactamente por qué, por la testarudez del hombre apegado al suelo que le pertenece:

—Ya veremo... Ya veremo... Deje que pase e' tiempo...

Dejaron pasar el tiempo. Y un año en que la caña había crecido particularmente vigorosa y apretada, Usebio se encontró ante un problema que se le planteaba por primera vez: la Compañía declaraba tener bastante con las cañas cultivadas en tierras propias, y se negaba a comprarle las suyas. ¡Y sólo con el San Lucio podía contarse, ya que los otros ingenios estaban demasiado lejos y no había más ferrocarriles disponibles que los de la empresa misma...! Después de una noche de furor y maldiciones, durante la cual pidió al cielo que las madres de todos los americanos amanecieran entre cuatro velas, Usebio ensilló la yegua y fue al ingenio, resuelto a vender su finca. ¡Pero ahora resultaba que ya sus tierras no interesaban a la Compañía yanqui...! Luego de mucha discusión, Usebio tuvo que contentarse con la mitad de la suma propuesta el año anterior, suma otorgada como un favor digno de agradecimiento. ¡Y eso que el azúcar, después de alcanzar cotizaciones sin precedentes, estaba todavía a más de tres centavos libra y aún no habían muerto del todo las miríficas «vacas gordas», incluidas para siempre en el panteón de la mitología antillana!

Así fue como la finca de los Cué se redujo, del día a la mañana, a un simple batey con un potrero. Por temor a las asechanzas del futuro y presintiendo que su magra fortuna se le iría en conservas americanas, tasajos porteños y garbanzos españoles, Usebio invirtió parte del dinero recibido en un negocio cuyas acciones —a su parecer sin alzas ni bajas— conservaba para su prole: la compra de dos carretas y dos yuntas de bueyes... Las bestias eran majestuosas y tenaces; sus flancos vibraban eléctricamente al contacto de las guasasas y mil pajuelas doradas flotaban en el agua de sus ojos sin malicia. Habían sido castradas entre dos piedras, y, siguiendo una criollísima tradición bucólica, las de la primera pareja se

llamaban Grano de Oro y Piedra Fina; las de la segunda, Marinero y Artillero. Obedecían a la palabra. Muy
pocas veces había que hincharlas con la aguijada.

—¡Arriba, Grano de Oro! ¡Arriba, Piedra Fina...!

Grano de Oro era amarillo como las arenas bajo el
sol. Una suave nevada parecía haber caído sobre el pelo
de castañas maduras de Piedra Fina. Artillero era negro
azul, con una chispa blanca en la frente. Marinero había
sido tallado en un hermoso tronco de caoba... Los hombres que lo mutilaron eran perdonados por la manse-
dumbre infinita de Grano de Oro. Piedra Fina solía
mostrarse perezoso y soñador. En la primavera, Artillero tenía tímidos resabios de toro. Y Marinero era una
síntesis de buen juicio, honestidad y calma . Eran bien
queridos por los pájaros judíos que cazaban garrapatas
en los prados. Durante las largas esperas ante la romana, mientras los carreteros «tomaban la mañana», el
peso del yugo acababa por crear en ellos una suerte de
somnolencia reflexiva. Con los ojos apenas abiertos, parecían atender el llamado de voces interiores, sin preo-
cuparse por los impacientes estornudos de unos colegas,
llamados Ojinegro y Flor de Mayo, Coliblanco y Guaya-
cán. Profundos suspiros inflaban sus costillares. Las relucientes anillas que colgaban de sus narigones evocaban coqueterías de reinas abisinias. Usebio estaba satis-
fecho de sus bestias.

Cuando se ha dejado de ser propietario, el oficio de
carretero ofrece todavía algunas ventajas. No se está
obligado a trabajar en la fábrica, donde se suda hasta las
vísceras. Tampoco se alterna con la morralla haitiana
que se agita en los cortes. La férula de la sirena no se
hace tan dura y puede mirarse con suficiencia, desde lo
alto del pescante, a los jamaiquinos con sombrero de
fieltro, que inspiran el más franco desprecio, a pesar de
que tengan el orgullo de declararse «ciudadanos el Reino Unido de Gran Bretaña...».

A los ocho años, cuando su sexo comenzaba a definirse bajo la forma de inofensivas erecciones, Menegildo acompañó a su padre al caserío. Con voz autoritaria condujo a Grano de Oro y Piedra Fina hacia el Central, siguiendo guardarrayas talladas en las ondas elásticas de los campos de caña. Terco el testuz, los bueyes resoplaban aparatosamente, hundiendo las pezuñas en huellas de otras pezuñas fijadas en el barro por la *seca*.

Desde ese día Menegildo comenzó a trabajar con Usebio, mientras Salomé lavaba camisas y seguía arrojando al mundo sus rorros de tez obscura. Fue inútil que un guardia rural insinuara que el chico debía concurrir a las aulas de la escuela pública. Usebio declaró enérgicamente que su hijo le resultaba insustituible para ayudarlo en las faenas del campo, desplegando tal elocuencia en el debate que el soldado acabó por alejarse tímidamente del bohío, preguntándose si en realidad la instrucción pública era cosa tan útil como decían algunos.

7

Ritmos

Era cierto que Menegildo no sabía leer, ignorando hasta el arte de firmar con una cruz. Pero en cambio era ya doctor en gestos y cadencias. El sentido del ritmo latía con su sangre. Cuando golpeaba una caja carcomida o un tronco horadado por los comejenes, reinventada las músicas de los hombres. De su gaznate surgían melodías rudimentarias, reciamente escandidas. Y los balanceos de sus hombros y de su vientre enriquecían estos primeros ensayos de composición con un elocuente contrapunto mímico.

Los días del santo de Usebio sus compinches invadían el portal del bohío, preludiando un templar de bongoes y afinar de guitarras con ásperas libaciones a *pico de botella*... Los sones y rumbas se anunciaban gravemente, haciendo asomar hocicos negros en las rendijas del corral. Una guitarra perezosa y el agrio *tres* esbozaban un motivo. El idioma de toques y porrazos nacía en los percutores. Los ruidos entraban en la ronda, sucesivamente, como las voces en una fuga. La marímbula,

clavicordio de la manigua, diseñaba un acompañamien-
to sordo. Luego, los labios del botijero improvisaban un
bajo continuo en una cadena comba de barro, con resonancia de bordón. El güiro zumbaba con estridencia
bajo el implacable masaje de una varilla inflexible. Varios tambores, presos entre las rodillas, respondían a las
palmadas dadas en sus caras de piel de chivo atesadas al
fuego. Un tocador sacudía rabiosamente sus maracas a
la altura de las sienes, haciéndolas alternas con cencerros de latón. Para salpimentar la sinfonía de monosíla-
bos, una baqueta de hierro golpeaba pausadamente un
pico de arado, con cadencia alejandrina, mientras otro
de los virtuosos rascaba la dentadura de una quijada de
buey rellena de perdigones. Palitos vibrantes fingían un
seco entrechocar de tibias, avecindando con el bucráneo
filarmónico, y el envase de chicle transformado en *cajón*.
Música de cuero, madera, huesos y metal, ¡música de
materias elementales!... A media legua de las chimeneas
azucareras, esa música emergía de edades remotas, preñadas de intuiciones y de misterio. Los instrumentos
casi animales y las letanías negras se acoplaban bajo el
signo de una selva invisible. Retardado por alguna invocación insospechada, el sol demoraba sobre el horizonte. En las frondas, las gallinas alargaban un ojo amarillo
hacia el corro de sombras entregadas al extraño malefi-
cio sonoro. Un hondo canto, con algo de encantación y
de aleluya, cundía sobre el andamiaje del ritmo. La garganta más hábil declaraba una suerte de recitativos. Las
otras entonaban el estribillo, en coro, borrándose de
pronto para dejar solo al director del orfeón:

> *Señores,*
> *Señores:*
> *Los familiares del difunto*
> *Me han confiado*
> *Para que despida el duelo*

Del que en vida fue
Papá Montero.

Se pellizcaba una cuerda, redoblaba el atabal y clamaban
los demás:

¡A llorar a Papá Montero!
¡Zumba!
¡Canalla rumbero!

Y las variaciones del allegro primitivo se inventaban
sin cesar, hasta que las interrumpiera el cansancio de los
músicos... ¡Papá Montero, marimbulero, ñáñigo, chulo
y buen bailador! La gesta maravillosa había corrido de
boca en boca. ¡Papá Montero, hijo de Chévere y Goyito,
amante de María la O! Su silueta parecía revolotear entre las palmas quietas, respondiendo a la llamada del
son. La gran época de Manita en el Suelo, los Curros
del Manglar y la Bodega del Cangrejo, se remozaba en
las tornasoladas estrofas. Cara negra, anilla de oro en el
lóbulo, camisa con mangas de vuelos, pañuelo morado
en el cuello, chancleta ligera, jipi ladeado y ancho cinturón de piel de majá, como los que aplicaba el sabio Beruá para curar indigestiones... Papá Montero era de los
que abayuncaban en las grandes ciudades que el padre
Menegildo no había visto nunca. Por los cuentos sabía
que eran pueblos con muchas casas, mucha política,
rumbas y mujeres a montones... ¡Las mujeres eran el
diablo! ¡Había que tener el temple de Papá Montero
para andarse con ellas! Las décimas y coplas conocidas
vivían de lamentaciones por perfidias y engaños... ¿María Luisa, Aurora, Candita la Loca, la negrita Amelia?
¡Eran el diablo!

Anoche te vi bailando,
Bailando con la puerta abierta.

El *pobre trovador* adoptaba casi siempre acento de víctima:

> *¡Virgen de Regla,*
> *Compadécete de mí,*
> *De mí!*

Junto a la historia del gran chévere se alzaba el lamento de las cosechas magras:

> *Yo no tumbo caña,*
> *¡Que la tumbe el viento!*
> *¡O que la tumben las mujeres*
> *Con su movimiento!*

Pero el espíritu de Papá Montero, síntesis de criollismo, hablaba de nuevo por boca de los cantadores:

> *Mujeres,*
> *No se duerman,*
> *Mujeres,*
> *No se duerman,*
> *Que yo me voy*
> *Por la madrugá,*
> *a Palma Soriano,*
> *A bailar el son.*

Con la lengua encendida por el ron de Oriente, los tocadores aullaban:

> *A Palma Soriano*
> *A bailar el son.*
> *A buscar mujeres,*
> *Por la madrugá;*
> *A Palma Soriano,*
> *Por la madrugá;*
> *En tren que sale,*

> *Por la madrugá;*
> *A formar la rumba,*
> *Por la madrugá;*
> *A templar tambores,*
> *Por la madrugá...*

Y las palabras se improvisaban con las variantes. La repetición de temas creaba una suerte de hipnosis. Jadeantes, sudorosos, enronquecidos, los músicos se miraban como gallos prestos a reñir. La percusión tronaba furiosamente, siguiendo varios ritmos entrecortados, desiguales, que lograban fundirse en un conjunto tan arbitrario como prodigiosamente equilibrado. Palpitante arquitectura de sonidos con lejanas tristezas de un éxodo impuesto con latigazos y cepos; música de pueblos en marcha, que sabían dar intensidad de tragedia a toscas evocaciones de un hecho local:

> *¡Fuego, fuego, fuego!*
> *¡Se quema la planta eléctrica!*
> *¡Si los bomberos no acuden,*
> *Se quema la planta eléctrica!*

En estas veladas musicales, Menegildo aprendió todos los *toques* de tambor, incluso los secretos. Y una noche se aventuró en el círculo magnético de la batería, moviendo las caderas con tal acierto que los soneros lanzaron gritos de júbilo, castigando los parches con nuevo ímpetu. Por herencias de raza conocía el *yambú*, los sones largos y montunos, y adivinaba la ciencia que hacía «bajar el santo». En una rumba nerviosa producía todas las fases de una acoplamiento con su sombra. Liviano de cascos, grave la mirada y con los brazos en biela, dejaba gravitar sus hombros hacia un eje invisible enclavado en su ombligo. Daba saltos bruscos. Sus manos se abrían, palmas hacia el suelo. Sus pies se escurrían sobre la tierra apisonada del portal y la gráfica de su cuerpo se renovaba con cada paso. ¡Anatomía sometida a la danza del instinto ancestral!

Aquella vez los músicos se marcharon a media noche, ebrios de percusión y de alcohol. Una luna desinflada y herpética subía como globo fláccido detrás de los mangos en flor. Al llegar a la ruta del ingenio, estalló una ruidosa discusión. Cutuco se proclamó «el único macho». Los tambores rodaron en la hierba mojada. Se habló de «enterrar el cuchillo...». Al fin, la fiesta terminó alegremente ante el mostrador de Li-Yi, que esperaba el relevo de las doce para cerrar sus puertas pintadas de azul celeste.

Esa misma noche, no pudiendo dormir a causa de la excitación nerviosa, Menegildo tuvo la revelación de que ciertas palabras dichas en la obscuridad del bohío, seguidas por unas actividades misteriosas, lo iban a dotar de un nuevo hermano. Sintió un malestar indefinible, una leve crispación de asco, a la que se mezclaba un asomo de cólera contra su padre. Le pareció que, a dos pasos de su cama, se estaba cometiendo un acto de violencia inútil. Tuvo ganas de llorar. Pero acabó por cerrar los ojos... Y por vez primera su sueño no fue sueño de niño.

8

Temporal (a)

Cuando Paula Macho supo que venía el ciclón y que el cuartel de la guardia rural había destacado parejas para advertir a los vecinos que, salvo recurva improbable, el huracán pasaría esa misma noche, aquella *desprestigiaísima* estimó buena la oportunidad para hacer subir sus valores bien menguados. Se colgó un jamo de pesca al hombro y echó a andar por los alrededores del caserío, empujando talanqueras y golpeando puertas para anunciar lo que ya era conocido de sobra:

—¡E' siclón! Que ya viene...

En todas partes Paula Macho era recibida con ojos torvos y mentadas de madre en trasdientes. Desde el entierro de su difunto marido, el carnicero Atilano, no había mozo en el pueblo al cual no hubiese desflorado en las cunetas de la carretera. Era una *trastorná*, y «de contra» echadora de mal de ojo e invocadora de ánimas solas. Además, nadie olvidaba aquel lío, bastante inquietante, en que se vio envuelta, cuando los haitianos de la colonia Adela profanaron el cementerio para robar un

cráneo y varios huesos, destinados a brujería, que nunca
fueron encontrados en las viviendas de los acusados.
¿Mujer que había andado manoseando muertos? ¡Sola
vaya con su tierra de sementerio...!

El pañuelo que Paula llevaba siempre anudado a la
cabeza, se iba haciendo visible en el camino que conducía a la casa de Usebio. A cada paso sus pies desnudos
se hundían en el barro rojo. Hacía tres días que un cielo
plomizo, muy denso, muy bajo, parecía apoyarse en los
linderos del valle. La cumbre de un *pan* lejano era barrido constantemente por las nubes. Violentas ráfagas de
lluvia se habían sucedido sin tregua, en un ritmo cada
vez más acelerado, hasta aquel mediodía en que su silencio vasto, cargado de amenazas, comenzó a pesar sobre
los campos. El calor lastimaba los nervios. Tras del horizonte rodaban piedras de trueno. Los ríos, ya creci-
dos, acarreaban postes y pencas cubiertos de lodo. El
tronco de las palmas estaba surcado por cintas de humedad desde la copa a la raíz. Olía a escaramujos y a maderas podridas. Las auras habían abandonado el paisaje.

—¡Pasa, perro!

Los ladridos de Palomo anunciaban visita. El rostro
de Salomé apareció en la entrada de la cocina, envuelto
en un cendal de humo acre.

—Buena' tarde, Paula. ¿Qué la trae por acá?

—E'siclón. ¡Que ya viene!

Salomé hizo una mueca. La noticia adquiría relieves
de cataclismos en la mala boca de Paula.

—¡Ya pasó la pareja! —comentó secamente.

—¡Ay, vieja...! Si lo sé, no vengo... ¡Qué desgrasia!
Dió quiera que la casa le aguante e temporal...

—Ya aguantó el de lo cinco día. ¡Será lo que Dió
mande!

La *trastorná* insinuó:

—Otra má fuelte se jan caío...

Viendo que estas palabras habían producido en Salomé un previsible malestar, Paula puso en evidencia el

jamo, que ya contenía algunas dádivas arrancadas a los
vecinos.

—Me voy, entonse... ¿No tendrá una poquita de *ssá*?
¿Y una vianda, si tiene?

Salomé dejó caer dos boniatos en el jamo, maldiciendo interiormente la hora en que había nacido la visitan-
te indeseable. Paula se despidió con un «San Lásaro loj
acompañe», y se alejó del bohío por el camino encharca-
do. Salomé inspeccionó los alrededores de la casa para
ver si la despreciada no había dejado brujería por alguna parte.

—¡Donde quiera que se mete, trae la salación!

Paula había desaparecido detrás de una arboleda mascullando insultos:

—¡Ni café le dan a uno! ¡Quiera Elegná que se les
caiga la casa en la cabeza!

Y pensando en la gente que la despreciaba, forjó mil
proyectos de venganza para el día en que fuera rica. Y
no por lotería, ni por números leídos en las alas de una
mariposa nocturna. Todo estaba en que emprendiera
viaje a la Bana, para matar la lechuza que estaba *posá* en
la cabeza del presidente de la República...

Al final de la tarde, la familia se reunió gravemente
alrededor de la mesa, que sostenía una palangana azul
llena de viandas salcochadas. Una calma exagerada ponía pedal de angustia en el ambiente. Por el camino, algunos guajiros regresaban apresuradamente a sus casas,
enfangándose hasta la cintura, sin detenerse siquiera
para dejar caer un tímido saludo, por el hueco de la cerca. Una temperatura sofocante petrificaba los árboles,
haciendo jadear los perros, que se ocultaban bajo los
muebles con la cola gacha. Usebio había trabajado todo
el día en cavar una fosa al pie de la ceba, para resguar-
dar en ella a Menegildo, Barbarita, Titi, Andresito, Ambarina y Rupelto, si el vendaval se llevaba las pencas del
techo. ¡Ya se habían visto casos de cristianos arrastrados por el viento! ¡Todavía recordaba el cuento del ga-

llego que había pasado sobre el pueblo como un volador
de a peso! ¡Y aquel negro del tiempo antiguo que recorrió tres cuadras agarrado de un cañón y que, al caer,
soltaba chispas por el pellejo! ¡Y el ternero que apareció
dentro de la pila de agua bendita de una iglesia! ¿Lo si-
clone? ¡Mala comía...!

Terminada la cena, la familia se encerró en la casa.
Usebio claveteó las ventanas, volvió a asegurar las vigas
y atravesó tres enormes trancas detrás de cada puerta.
Los niños lloriqueaban en las camas. El viejo apagó el
tabaco en su palma ensalivada y se tumbó sin hablar. Salomé se entregó a sus oraciones ante las imágenes del altar doméstico...

La lluvia comenzó a caer a media noche, recia, apretada, azotando el bohío por los cuatro costados. Un primer golpe de ariete hizo temblar las paredes. ¡Que venía, venía...!

9

Temporal (b)

(...La fricción de vientos contrarios se produjo sobre un gran viñedo de sargazos, donde pececillos de cristal, tirados por un elástico, saltaban de ola en ola. Punto. Anillo. Lente. Disco. Circo. Cráter. Órbita. Espiral de aire en rotación infinita. Del zafiro al gris, del gris al plomo, del plomo a la sombra opaca. Los peces se desbandaron hacia las frondas submarinas, en cuyas ramas se mecen cadáveres de bergantines. Los hipocampos galoparon verticalmente, levantando nubes de burbujas con sus casquillos de escamas. El serrucho y la espada forzaron la barrera de las bajas presiones. Vientres blancos de tintoreras y cazones, revueltos en las oquedades de las rocas. Una estela de esperma señaló la ruta del éxodo. Cilindros palpitantes, discos de luz, elipses con cola, emigraban en la noche de la tormenta, mientras los barcos se desplazaban hacia la izquierda de los mapas. Fuga de áncoras y aletas, de hélices y fosforescencias, ante la repentina demencia de la Rosa de los Vientos. Un vasto terror antiguo descendía sobre el océano con un bramido inmenso. Terror de Ulises, del holandés errante, de la carraca y del astrolabio, del corsario y de la bestia presa en el entrepuente. Danza del agua y del aire en la obscuridad incendiada por los relámpagos. Lejana solidaridad del sirocco, el tebbad y del tifón ante el pánico de los barómetros. Colear de la gran serpiente de plumas arrastrando trombas de algas y ámbares. Las olas se rompieron contra el cielo y la noche se llenó de sal. Viraje constante que prepara el próximo latigazo. Círculo en progresión vertiginosa. Ronda asoladora, ronda de arietes, ronda de bólidos transparentes bajo el llanto de las estrellas enlutadas. Zumbido de élitros imposibles. Ronda. Ronda que ulula, derriba e inunda. A terremoto del mar, temblor de firmamento. Santa Bárbara y sus diez mil caballos con cascos de bronce galopan sobre un rosario de islas desamparadas.

> *¡Temporal, temporal,*
> *Qué tremendo temporal!*
> *¡Cuando veo a mi casita,*
> *me dan ganas de llorar!*

cantarán después los negros de Puerto Rico... Ya los ríos acarrean reses muertas. El mar avanza por las calles de las ciudades. Las viviendas se rajan como troncos al fuego. Los árboles extranjeros caen, uno tras otro, mientras las ceibas y los júcaros resisten a pie firme. Las vigas de un futuro rascacielos se torcieron como alambre de florista. CIGARROS, se lee todavía en un anuncio lumínico, huérfano de fluido, cuyas letras echarán a volar dentro de un instante, transformando el cielo en alfabeto. COLÓN, responde otro rótulo en el lado opuesto de la plaza martirizada. El ataúd de un niño navega por la calle de las Ánimas. Encajándose en el tronco de una palma, un trozo de riel ha dibujado una cruz. La prostituta polaca, olvidada en un barco-prisión, empieza a reír. CI. A. ROS. Las letras que caen cortan el asfalto como hachazos. Rotas sus amarras, los buques comienzan a reñir en el puerto a golpes de espolón y de quilla. Las goletas de pesca viajan por racimos, llevando marineros ahogados en sus cordajes entremezclados. Las olas hacen bailar cadáveres encogidos como fetos gigantescos. Hay ojos vidriosos que emergen por un segundo; bocas que quisieran gritar, presintiendo ya las horrendas tenazas del cangrejal. Cada mástil vencido pone un estampido en la sinfonía del meteoro. Cada virgen del gran campanario se desploma con fragor de explosión subterránea. Su cabeza coronada rueda, Reina abajo, como un lingote de plomo. CI... C. LÓN dicen los rótulos. CI. C. LO, dirán ahora. Mil toneles huyen a lo largo de un muelle, bajo los empellones del alud que gira. La torre de un ingenio se quiebra como porcelana, despidiendo astillas de cemento. Las ranas de una charca ascienden por la columna de agua que aspira una boca monstruosa. [Caerán, tres días más tarde, en el corazón del Gulf Stream] Cielo en ruinas. Está constelado de estacas, timones, plumas, banderas y tanques de hierro rojo. Un carro de pompas fúnebres vaga sin rumbo, guiado por tres ángeles heridos... En la plaza sólo ha quedado el ojo vacío de una O, porque dejó pasar el viento por el hueco de su órbita.

> *Temporal, temporal,*
> *¡Qué tremendo temporal!*

...El ciclón ha pasado, ensangrentando aves y dejando un balandro anclado en el techo de una catedral.)

10

Temporal (c)

Cuando ya parecía haber resistido a lo más recio del huracán, la casa se desarmó como un rompecabezas chino, en gran desorden de pencas y de yaguas.

—¡Ay, Dió mío! ¡Ay, Dió mío! —aulló Salomé en el fragor de la tempestad.

El viento corría con furia, sin intermitencias de presión, como una masa compacta que pesara sobre el flanco oeste de todo lo existente. Los árboles, las hierbas, los horcones, todo estaba inclinado en una misma dirección. Los pararrayos caían hacia el Oeste; las tejas volaban hacia el Oeste; las bestias agonizantes rodaban hacia el Oeste. Al Oeste, las planchas de palastro arrancadas a la techumbre del San Lucio; al Oeste, las latas cilíndricas de la lechería; al Oeste, los postes del telégrafo; al Oeste, en un foso de la vía, un vagón frigorífico derribado con su carga de jamones yanquis... Las tinieblas estaban amasadas con agua del mar. Olas del Atlántico, que llegaban en lluvia a las Once Mil Vírgenes, después de pulverizarse sobre el inmenso desamparo de las tierras. De las plantas acosadas, del arroyo hecho torrente, de las hendeduras y de los filos, de las grietas y de los alambres doblados, se alzaba un coro de quejas —quejas de la materia torturada— que esfumaba en su vastedad el bramido del azote.

—¡Ay, Dió mío! ¡Ay, Dió mío!

Usebio gateó entre los restos del bohío. Empuñó a Menegildo y Andresito por las piernas y se lanzó corriendo hacia la fosa abierta al pie de la ceiba. Cuatro veces más y, al fin, se dejó rodar en la cavidad que el agua salada había transformado en lozadal. Salomé llegó después, apretando a Rupelto contra su cuello. Las manos del rorro se agarraban desesperadamente a sus orejas. Barbarita apareció con Ambarina entre los brazos. Luí venía detrás de ella, con Tití, arrastrando el cuadro del Sagrado Corazón de Jesús, que el aire le arrancaba a cada paso. Agazapados, revueltos, boca en tierra como los camellos ante la tempestad de arena, grandes y chicos se preparaban a resistir hasta el agotamiento. Vacíos de toda idea, sólo dominaba en ellos un desesperado instinto de defensa. El ancho tronco del árbol los protegía un poco. Sus raíces centenarias mantenían la tierra reblandecida del hueco. Las tinieblas fragorosas amordazaban las bocas, haciendo más trágica la sensación de absoluto abandono. Los niños gemían. Palomo se había escurrido también en la trinchera, ocultando la cabeza bajo las piernas huesudas del abuelo. El temblor del perro se había contagiado a los hombres.

Varias horas duró la espera. En la proximidad del alba, el viento comenzó a ceder. La continuidad de su impulso se transformó en una sucesión de latigazos bruscos, escandidos por breves instantes de flaqueza. Sosteniendo a los niños, Salomé y el abuelo estaban hundidos en el lodo tibio hasta el vientre. Sobre ellos no habían cesado de caer hojas, ramas rotas y semillas de palmiche. Empapados, tiritantes, los hombres parecían listos a colaborar con la incipiente podredumbre de los

escombros vegetales. Menegildo estaba cubierto de golpes y arañazos. Una mano de Usebio sangraba.

Hacía tiempo ya que una imagen se había apoderado
de su cerebro con febril insistencia: la casa, tan blanca y
nueva, de la colonia, debía haber resistido a la tormenta,
gracias a sus fuertes muros de mampostería. Estaba a
menos de media legua. Ahí estaba el refugio contra el
agua, los palos y las bofetadas de aliento atroz. ¡Pero
eran nueve! ¿Cómo emprender esa expedición en la noche terrible, sin estar seguros de hallar el techo deseado?
El viento pareció debilitarse una vez más. Usebio tomó
una repentina determinación. Saltó fuera de la fosa y
echó a correr, doblado sobre sí mismo, en dirección de
la colonia.

—¡Usebio! —gritó Salomé—. ¡Usebio...!

Una ráfaga, seca como un trallazo, la obligó a agachar
la cabeza.

11

Temporal (d)

Usebio corría a campo traviesa, sostenido por la sola
voluntad de *llegar*. Saltaba sobre los restos de cercas de-
rribadas. Sus tobillos estaban cubiertos de heridas, causadas por los alambres de púas. Los troncos tumbados
se le atravesaban en el camino. Caía en fangales y rodaba a veces a lo largo de las cuestas. Avanzaza en zig-zag,
con la cabeza baja, embistiendo el aire. Sus mangas rotas, los jirones de su camisas tremolaban a sus espaldas
como cintas batidas por los monzones marítimos... Al
fin, cubierto de tierra, jadeante, con los dientes apretados y la boca seca, creyó divisar las paredes blancas de
la casa vivienda. Aligeró el paso, haciendo un postrer
esfuerzo.

De la casa sólo quedaban tres murallas hundidas, un
cementerio de camas y armarios cubierto por un millar
de tejas quebradas. Al caer, un bloque de piedra había
aplastado a un ternero, cuyas patas se agitaban todavía,
convulsivamente, en un inmundo hervor de intestinos
morados... ¡Nadie! Los habitantes habían huido, sin

duda, ante el temor de perecer bajo los escombros de la casa, que aún tenía la audacia de erguirse hacia el cielo implacable.

Usebio andaba extraviado. Su voluntad de antes haba cedido lugar a un desaliento doloroso. Una bandada de auras imposibles ponía sombras de cruces en el fondo de sus retinas. Dos velas, un sombrero sobre su ataúd. Lo bailarían y se acabó. Lo bailarían, sí; lo bailarían, no. Lo bailarían, sí; lo bailarían, no.

> *Lo bailarían,*
> *Lo bailarían,*
> *Que sí,*
> *Que no,*
> *Lo bailarían,*
> *Y se acabó.*
> *Se*
> *a-*
> *ca-*
> *bó...*

La fiebre había anclado un ritmo absurdo en su cerebro y sus oídos. Un coro de rumberos fantasmales, de los que zarandeaban ataúdes en funerales ñáñigos, se alzaba ahora desde el macizo central de su ser. Lo bailarían. Lo bailarían. ¡Lo bailarían y se acabó...! Sin convicción, intentó volver hacia el bohío, brincando, corriendo, gateando. Tenía la sensación de no llegar jamás. Los guías —árboles, cercas, veredas— que hubieran podido conducirlo, estaban tan arruinados que sus ojos no lograban reconocerlos en la penumbra. Un alba de ejecución capital se hizo sentir a través del velo vertiginoso de la tormenta. Usebio cayó de bruces, vencido. ¡Se acabó! ¡Se a-ca-bó...! Estaba muy lejos del batey, y lo sabía. ¿Tití? ¿Barbarita? ¿Menegildo? ¿Ambarina? ¿Rupelto? ¿Andresito? ¿Salomé? ¿El viejo...? La evocación de la fosa encharcada lo hizo levantarse una vez más.

Ahora le obsesionaba menos el recuerdo de los suyos que el deseo desesperado de no saberse tan solo, tan miserable, sobre esta tierra agotada, arada por el trueno, surcada de estrías sanguinolentas como el cerebro de un buey degollado... Entonces el prodigio vino a su encuentro. Alzando los ojos, se vio de pronto ante una construcción de piedra, larga como hangar, con ventanas claveteadas, que el ciclón parecía haber respetado. Era un barracón del ingenio antiguo, cuyos restos, veteranos de tormentas, se alzaban un poco más lejos. Estaba habitado por algunos haitianos que se habían quedado en la colonia después de la última zafra... Usebio anduvo a lo largo del edificio. En el costado contrario al viento había una puerta cerrada. Asiendo una estaca, golpeó furiosamente las tablas de madera dura. Golpeó sin tregua hasta oír un ruido que provenía del interior. La puerta se movió apenas y una cara oscura se mostró en el intersticio. Intentaron cerrar. Pero Usebio se precipitó con todo su peso contra la hoja, cayendo cara al suelo, en el interior del barracón, entre unos negros que blandían mochas. Uno de ellos, singularmente ataviado, llevaba una larga levita azul sobre un vestido blanco de mujer. Su cara estaba desfigurada por anchos espejuelos ahumados. Un gorro tubular, de terciopelo verde, le ceñía la frente.

Usebio se incorporó. Lo bailarían, sí; lo bailarían, no... En el fondo del barracón había una suerte de altar, alumbrado con velas, que sostenía un cráneo en cuya boca relucían tres dientes de oro. Varias cornamentas de buey y espuelas de aves estaban dispuestas alrededor de la calavera. Collares de llaves oxidadas, un fémur y algunos huesos pequeños. Un rosario de muelas. Dos brazos y dos manos de madera negra. En el centro, una estatuilla con cabellera de clavos, que sostenía una larga vara de metal. Tambores y botellas... Y un grupo de haitianos que lo miraban con malos ojos. En un rincón, Usebio reconoció a Paula Macho, luciendo una corona

de flores de papel. Su semblante, sin expresión, estaba
como paralizado.

—¡Lo' muelto! ¡Lo' muelto! ¡Han sacao a lo'muelto!
—aulló Usebio.

Barrido por una resaca de terror, por un pánico des-
cendiendo de los orígenes del mundo, el padre huyó del
barracón sin pensar ya en la tormenta. ¡Lo' muelto! ¡Lo'
muelto del sementerio! ¡Y Paula Macho, la bruja, la da-
ñosa, oficiando con los haitianos de la colonia Adela...!

Usebio corría aún, cuando una luz glauca, luz de
acuario, invadió los campos arruinados... Salomé, los
niños y el viejo estaban todavía acurrucados en el fondo
de la fosa. Lloraban, con los nervios rotos, sin que se
supiera de quién eran realmente las lágrimas que rodaban por sus mejillas. El viento había cesado... Del bohío
sólo quedaban tres horcones de jagüey, un taburete patas arriba y el colador del café.

Cerca de allí, milagrosamente perdonado, un rosal se
mantenía enhiesto. En la gota de agua que brillaba sobre su única flor, apenas deshojada, había nacido un di-
minuto arco iris.

Adolescencia

Espíritu Santo

A los diecisiete años Menegildo era un mozo rollizo y bien tallado. Sus músculos respondían a la labor impuesta como piezas de una excelente calidad humana. Su ascendencia *carabalí* lo había dotado de una pelambrera apretada e impeinable, cuyas pequeñas volutas se enlazaban hasta un vértice situado en el centro de la frente. Sus narices eran chatas como las de Piedra Fina, y, asomando entre dos gruesos labios violáceos, unos dientes sin tara eran la síntesis de su vida interior. Sus ojos, más córnea que iris, sólo sabían expresar alegría, sorpresa, indiferencia, dolor o expectación. A causa de sus largas cejas, los chicos del caserío lo habían apodado Cejas de Burro, burlándose de su previsto enojo, ya que Menegildo era susceptible en extremo y nada sensible al humorístico. Habitualmente cubría sus anchos pectorales con una camiseta de listas purpurinas. Sus pantalones —blancos cuando salían de la batea hogareña— no tardaban en ser una mera embajada de todos los senderos de tierra colorada. Su sombrero estaba trenzado con el mismo material que la techumbre del bohío familiar. Se levantaba de madrugada, con Usebio y Tití, para enyugar los bueyes... Al caer la noche, cuando despertaban las lechuzas, era de los primeros en tumbarse en su mal oliente bastidor de sacos.

Salomé no había descuidado su vida espiritual. Unos meses antes, sentándolo ante el altar de la casa, lo había iniciado en los misterios de las «cosas grandes», cuyos oscuros designios sobrepasan la comprensión del hombre... Menegildo escuchó en silencio y jamás volvió a hablar de ello. Sabía que era *malo* entablar conversaciones sobre semejantes temas. Sin embargo, pensaba muchas veces en la mitología que le había sido revelada, y se sorprendía, entonces, de su pequeñez y debilidad ante la vasta armonía de las fuerzas ocultas... En este mundo lo visible era bien poca cosa. Las criaturas vivían engañadas por un cúmulo de apariencias groseras, bajo la mirada compasiva de entidades superiores. ¡Oh, Yamayá, Shangó y Obatalá, espíritus de infinita perfección...! Pero entre los hombres existían vínculos secretos, potencias movilizables por el conocimiento de sus resortes arcanos. La pobre ciencia de Salomé desaparecía ante el saber profundísimo del viejo Beruá... Para este último, lo que contaba realmente era el vacío aparente. El espacio comprendido entre dos casas, entre dos sexos, entre una cabra y una niña, se mostraba lleno de fuerzas latentes, invisibles, fecundísimas, que era preciso poner en acción para obtener un fin cualquiera. El gallo negro que picotea una mazorca de maíz ignora que su cabeza, cortada por noche de luna y colocada sobre determinado número de granos sacados de su buche, puede reorganizar las realidades del universo. Un muñeco de madera, bautizado con el nombre de Menegildo, se vuelve el amo de su *doble* viviente. Si hay enemigos que hundan una puntilla enmohecida en el costado de la figura, el hombre recibirá la herida en su propia carne. Cuatro cabellos de mujer, debidamente trabajados a varias leguas de su bohío —mientras no medie el mar, la distancia no importa—, pueden *amarrarla* a un hecho de manera indefectible. La hembra celosa logra asegurarse el agua de sus íntimas abluciones... Así como los blancos han poblado la atmósfera de mensajes cifrados, tiempos de sinfonía y cursos de inglés, los hombres de color capaces de hacer perdurar la gran tradición de una ciencia legada durante siglos, de padres a hijos, de reyes a príncipes, de iniciadores a iniciados, saben que el aire es un tejido de hebras inconsútiles que transmite las fuerzas invocadas en ceremonias cuyo papel se reduce, en el fondo, al de condensar un misterio superior para dirigirlo contra algo o a favor de algo... Si se acepta como verdad indiscutible que un objeto pueda estar dotado de vida, ese objeto vivirá. La cadena de oro que se contrae, anunciará el peligro. La posesión de una plegaria impresa, preservará de mordeduras emponzoñadas... La pata de ave hallada en la mitad del camino se liga precisamente al que se detiene ante ella, ya que, entre cien, uno solo ha sido sensible a su aviso. El dibujo trazado por el soplo en un plato de harina responde a las preguntas que hacemos por virtudes de un determinismo oscuro. ¡Ley de cara o cruz, de estrella o escudo, sin apelación posible! Cuando el *santo* se digna regresar del más allá, para hablar por boca de un sujeto en estado de éxtasis, aligera las palabras de todo lastre vulgar, de toda noción consciente, de toda ética falaz, opuestos a la expresión de su sentido integral. Es posible que, en realidad, el santo no hable nunca; pero la honda exaltación producida por una fe absoluta en su presencia, viene a dotar el verbo de su mágico poder creador, perdido desde las eras primitivas. La palabra, ritual en sí misma, refleja entonces un próximo futuro que los sentidos han percibido ya, pero que la razón acapara todavía para su mejor control. Sin sospecharlo, Beruá conocía prácticas que excitaban los reflejos más profundos y primordiales del ser humano. Especulaba con el poder realizador de

una convicción; la facultad de contagio de una idea fija;
el prestigio fecundante de lo tabú; la acción de un ritmo
asimétrico sobre los centros nerviosos... Bajo su influjo
los tambores hablaban, los santos acudían, las profecías
eran moneda cabal. Conocía el lenguaje de los árboles y
el alma farmacéutica de las yerbas... Y, al *amarrar* a una
mujer en beneficio de un cliente enamorado, sabía que
el *embó* no dejaría de surtir el efecto deseado. La víctima,
discretamente avisada por alguna combinación de objetos depositados al pie de su puerta, aceptaba la imposi-
bilidad de oponerse a lo más fuerte que ella... 'Basta tener una concepción del mundo distinta a la generalmente inculcada para que los prodigios dejen de serlo y se
sitúen dentro del orden de acontecimientos normalmen-
te verificables.

Estaba claro que ni Menegildo, ni Salomé, ni Beruá
habían emprendido nunca la ardua tarea de analizar las
causas primeras. Pero tenían, por atavismo, una concepción del universo que aceptaba la posible índole mágica de cualquier hecho. Y en esto radicaba su confianza
en una lógica superior y en el poder de desentrañar y de
utilizar los elementos de esa lógica, que en nada se mostraba hostil. En las órficas sensaciones causadas por una
ceremonia de brujería volvían a hallar la tradición mile-
naria —vieja como el perro que ladra a la luna—, que
permitió al hombre, desnudo sobre una tierra aún mal
repuesta de sus últimas convulsiones, encontrar en sí
mismo unas defensas instintivas contra la ferocidad de
todo lo creado. Conservaban la altísima sabiduría de ad-
mitir la existencia de las cosas en cuya existencia se cree.
Y si alguna práctica de hechicería no daba los resultados
apetecidos, la culpa debía achacarse a los fieles, que,
buscándolo bien, olvidaban siempre un gesto, un atri-
buto a una actitud esencial.

...Aun cuando Menegildo sólo tuviera unos centavos
anudados en su pañuelo, jamás olvidaba traer del ingenio, cada semana, un panecillo, que ataba con una cinta

detrás de la puerta del bohío, para que el Espíritu Santo chupara la miga.

Y cada siete días, cuando las tinieblas invadían los campos, el Espíritu Santo se corporizaba dentro del panecillo y aceptaba la humilde ofrenda de Menegildo Cué.

13

Paisaje (c)

Era raro que Menegildo saliera de noche. Conocía poca gente en el caserío y, además, para llegar allá, tenía que atravesar senderos muy obscuros, de los que se ven frecuentados por las «cosas malas»... Sin embargo, aquel 31 de diciembre, Menegildo se encaminó hacia el Central, a la caída de la tarde, para «ver el rebumbio».

Algunas nubes mofletúdas, anaranjadas por un agonizante rayo de sol, flotaban todavía en un cielo cuyos azules se iban entintando progresivamente. Las palmas parecían crecer en la calma infinita del paisaje. Sus troncos, escamados de estaño, retrocedían en la profundidad del valle. Dos ceibas solitarias brindaban manojos verdes en los extremos de sus largos brazos horizontales. Las frondas se iban confundiendo unas con otras, como vastas marañas de gasa. Un pavo real hacía sonar su claxon lúgubre desde el cauce de una cañada. El día tropical se desmayaba en lecho de brumas decadentes, agotado por catorce horas de orgasmo luminoso. Las estrellas ingenuas, como recortadas en papel plateado, iban

apareciendo poco a poço, en tanto que la monótona respiración de la fábrica imponía su pálpito de acero a la
campiña... Menegildo tomó la ruta del Central. Unas
pocas carretas se contoneaban entre sus altas ruedas.
Otras, más lentas que andar de hombre, le venían al encuentro llevando familias de guajiros hacia alguna colonia vecina. Los campesinos, endomingados, lucían
guayaberas crudas y rezagos en el colmillo. Instaladas en
sillas y bancos, sus hijas, trigueñas, regordetas, vestidas
con colores de pastelería, abrían ojos eternamente azo-
rados en caras lindas y renegridas, llenas de cuajarnes de
polvos de arroz. De la rodante exposición de jipis, pei-
nados grasientos y dentaduras averiadas, partía un saludo ruidoso:

—¡Buena talde, camará!

—¡Buena talde...! ¿Va pal caserío? ¿A esperal el año?

Frases amables. El chiste, insaciablemente repetido,
del anciano que estaba muy grave. Y Menegildo se volvía a encontrar solo. Sin ser capaz de analizar su estado
de ánimo, se sentía invadido por una leve congoja. Hoy
—como le ocurría a veces en la cabaña que lo albergaba
con sus padres y hermanos— pensaba vagamente en las
cosas de que disfrutaban otros que no eran mejores que
él. Los *tocadores* amigos de Usebio eran una palpitante
emanación de buena vida, y se jactaban continuamente de haberse corrido rumbas en compañía de unas negras que eran el diablo. Menegildo imaginaba sobre
todo, como un héroe de romance, a aquel Antonio, primo suyo, que vivía en la ciudad cercana, y que, según
contaban, era fuerte pelotero y marimbulero de un sexteto famoso, a más de benemérito limpiabotas. ¡El Antonio ese debía ser el gran *salao*...! Haciendo excepción
de estas admiraciones, el mozo había considerado siempre sin envidia a los que osaban aventurarse más allá de
las colinas que circundaban al San Lucio. No teniendo
«ná que buscal» en esas lejanías, y pensando que, al fin y
al cabo, bastaba la voluntad de ensillar una yegua para

conocer el universo, evocaba con incomprensión profunda a los individuos, con corbatas de colorines, que invadían el caserío cada año, al comienzo de la zafra, para desaparecer después, sorbidos por las portezuelas de un ferrocarril. Pero más que todos los demás, los yanquis, mascadores de andullo, causaban su estupefacción. Le resultaban menos humanos que una tapia, con el hablao ese que ni Dió entendía. Además, era sabido que despreciaban a los negros... ¿Y qué tenían los negros? ¿No eran hombres como los demás? ¿Acaso valía menos un negro que un americano? Por lo menos, los negros no *chivaban* a nadie ni andaban robando tierras a los guajiros, obligándoles a vendérselas por tres pesetas. ¿Los americanos? *¡Saramanbiche...!* Ante ellos llegaba a tener un verdadero orgullo de su vida primitiva, llena de pequeñas complicaciones y de argucias mágicas que los hombres del Norte no conocerían nunca.

Menegildo era demasiado jíbaro para trabar amistad con los mozos de su edad que llevaban brillante existencia en el caserío, entre copas de ron y partidas de dominó en la bodega de Canuto, enamorando a las deslumbradoras muchachas obscuras, coloreteadas y emperifolladas, embellecidas por aretes y medias «colol calne», que el adolescente solía admirar de lejos, como caza prohibida e inalcanzable. Nunca los hombros de Menegildo habían conocido el peso de una americana. Como vestimenta de lujo sólo poseía un larguísimo gabán de forros descosidos, dado por un pariente «pa que se lo pusiera por el tiempo frío». Fuera de unos íntimos de su padre, nadie estaba enterado de sus habilidades coreográficas, ya que sólo desde el exterior había entrevisto los bailes ofrecidos por la Sociedad de Color del caserío.

Sintiéndose hombre, comenzaba a tener un poderoso anhelo de mujer. El franco deseo no era ajeno a estas inquietudes. Pero en ellas había también una miaja de sentimentalismo: a veces soñaba verse acompañado por alguna de las muchachas que se sentaban, al atardecer, en los portales del pueblo. La habría devorado con sus grandes ojos infantiles, sin saber qué decirle. Luego, le «habría pedido un beso», de acuerdo con el hábito campesino, que cohíbe las iniciativas del macho... Pero todo esto era bien remoto. Jamás había pensado seriamente en la posibilidad de hablar con una mujer para otros fines que el de transmitir los recados que Salomé enviaba a sus vecinas. Por ello, sus incipientes ideales amorosos adoptaban las formas románticas de las pasiones descritas en los sones que conocía. Sus nociones en esta materia eran cándidamente voluptuosas. El amor era algo que permitía estrecharse bajo las palmas o los flamboyanes incendiados. Después venía una revelación de senos y de turbadoras intimidades. Pero la mujer era siempre cerrera, y cuando se iba con otro quedaba uno hecho la gran basura... Sin embargo, una necesidad de dominación quedaba satisfecha, y quien no hubiese pasado por ahí, no podía llamarse un hombre —¡un hombre como ese negro Antonio, que le zumbaba el mango...!

Sin ser casto, Menegildo era puro. Nunca se había aventurado en los bohíos de las forasteras que venían, en época de la zafra, a sincronizar sus caricias con los émbolos del ingenio. Tampoco era capaz de acudir a los buenos oficios de Paula Macho desde que su padre le contó que la desprestigiada andaba manoseando muertos con los haitianos de la colonia *Adela*. Hasta ahora, su deseo sólo había conocido mansas cabras pintas, con largas perillas de yesca y ojos tiernamente confiados.

14

Fiesta (a)

El caserío estaba de fiesta. La fábrica trepidaba como de costumbre, pero un estrépito inhabitual cundía a su alrededor. Las calles estaban llenas de jamaiquinos, luciendo chaquetas de un azul intenso. Sus mujeres llevaban anchas sayas blancas, y en más de una sonrisa brillaba el sol de un diente de oro. Un inglés de *yea* y *ovezeza* topaba con el *patuá* de los haitianos, que regresaban a sus barracones y campamentos con los brazos cargados de botellas y los faldones de la camisa anudados sobre la barriga. Algunos traían banzas, chachás y tambores combos, como si se prepararan a invocar las divinidades del vaudú. En el umbral de su tienda, el polaco Kamín se erguía entre frascos y calcetines, esperando a los clientes deseosos de embellecerse a la salida del trabajo. La luz de una bombilla iluminaba crudamente sus panoplias de corbatas y las ligas de hombre estiradas sobre un modelo de pierna, impreso en tinta azul. Todos estos artículos disfrutaban de un éxito extraordinario entre los habitantes del caserío. Más de un jamaiquino había visto su honor de marido seriamente comprometido, por culpa de los pañuelos de seda amarilla o los pomos de Coty expuestos en el único escaparate de La Nueva Varsovia.

Menegildo atravesó varias callejuelas animadas... Se sentía extraño entre tantos negros de otras costumbres y otros idiomas. ¡Los jamaiquinos eran unos «presumíos» y unos animales! ¡Los haitianos eran unos animales y unos salvajes! ¡Los hijos de Tranquilino Moya estaban sin trabajo desde que los braceros de Haití aceptaban jornales increíblemente bajos! Por esa misma razón, más de un niño moría tísico, a dos pasos del ingenio gigantesco. ¿De qué había servido la Guerra de Independencia, que tanto mentaban los oradores políticos, si continuamente era uno desalojado por estos hijos de la gran perra...? Una sonrisa de simpatía se dibujaba espontáneamente en el rostro de Menegildo cuando divisaba algún guajiro cubano, vestido de dril blanco, surcando la multitud en su caballito huesoso y nervioso. ¡Ése, por lo menos, hablaba como los cristianos!

Un ruido singular se produjo al fondo de una plazoleta, no lejos del parque, frente a una barraca de tablas ocupada por la modesta iglesia presbiteriana. Los transeúntes se habían agrupado para ver a una jamaiquina que entonaba himnos religiosos, acompañada por dos negrazos que exhibían las garras de la *Salvation Army*. Una caja pintada de rojo y un cornetín desafinado escoltaban el canto:

> *Dejad que os salvemos,*
> *Como salvó Jesús a la pecadora.*
> *Cantad con nosotros*
> *El himno de los arrepentidos...*

Era una inesperada versión de la escena a que se asiste, cada domingo, en las calles más sucias y neblinosas de las ciudades sajonas. La *hermana* invitaba a los presen-

tes a penetrar en el templo, con esos ademanes prome-
tedores que hacen pensar en los gestos prodigados a la
entrada de los burdeles... La letanía se hacía quejosa, o
bien autoritaria y llena de amenazas. El Señor miseri-
cordioso sabía encolerizarse. Quien no montara en su
ferrocarril bendito, corría el peligro de no conocer el
Paraíso... Los perros del vecindario ladraron desesperadamente, y los graciosos soltaron trompetillas. Una
vaca, en trance de parto, lanzó mugidos terroríficos detrás del santuario. Los cantantes, impasibles, se proster-
naron, viendo tal vez al Todopoderoso y su *gospeltrain*
binaventurado a través de las nubes de humo bermejo
que salían de las torres del ingenio. Y el cántico estalló
nuevamente en los gaznates de papel de lija. Un mandí-
bula de lechón a medio roer produjo una ruidosa estrella de grasa en el tambor del trío espiritual.

Y toda la oleada de espectadores rodó bruscamente
hacia una calleja cercana. El organillo eléctrico del *Silco*
tocaba la obertura de *Poeta y aldeano,* bajo una parada de
fenómenos retratados en cartelones multicolores.

—¡Entren a ver al indio comecandela! ¡La mujel má
fuelte del mundo! ¡El hombre ejqueleto...! ¡Hoy e el último día...!

Ante este imperativo de fechas, el ferrocarril del Señor tuvo que partir con cuatro jamaiquinas sudorosas
por todo pasaje.

15

Fiesta (b)

En casa del administrador del Central, la fiesta de San Silvestre reunía a toda la élite azucarera de la comarca. La vieja vivienda colonial, con sus anchos soportales y sus pilares de cedro pintados de azul claro, estaba iluminada por cien faroles de papel. En la «ssala», generosamente guarnecida de muebles de mimbre, bailaban varias parejas al ritmo de un disco de Jack Hylton. Las muchachas, rientes, esbeltas, de caderas firmes, se entregaban a la danza con paso gimnástico, mientras las madres, dotadas de los atributos de gordura caros al viejo ideal de belleza criollo, aguardaban en corro la hora de la cena. Como de costumbre, mucha gente había venido de las capitales para pasar las Pascuas y la semana de Año Nuevo en el ingenio, siguiendo una tradición originada en tiempo de bozales y caleseros negros.

En el hotel yanqui —bungalow con aparatos de radio y muchas ruedas rotarias—, los químicos y altos empleados se agitaban a los compases de un jazz traído de la capital cercana. En el bar se alternaban todos los postulados del buen sentido alcohólico. La caoba, húmeda de Bacardí, olía a selva virgen. Las coktaileras automáticas giraban sin tregua, bajo las miradas propiciadoras de un caballito de marmolina blanca regalado por una casa importadora de whisky. En un cartel de hojalata, un guapo mozo de tipo estandarizado blandía un paquete de cigarrillos: *It's toasted...!* En una pérgola, algunas *girls* con cabellos de estopa se hacían palpar discretamente por sus compañeros. Con las faldas a media pierna y todo un falso pudor anglosajón disuelto en unos cuantos *high-ball* de Johnny Walker, celebraban intrépidamente el advenimiento de un nuevo año de desgracia azucarera.

Menegildo abría los ojos ante las piernas rosadas de las hembras del Norte. También admiraba las campanas de papel rojo que se mecían en el techo del bar.

—¡Qué gente, caballero...!

De pronto el ingenio se estremeció. Escupió vapor, vomitó agua hirviente y todas sus sirenas —carillón de cataclismo— se desgañitaron en coro. Las locomotoras, que arrastraban colas de vagones cargados de caña, atravesaban el batey volteando campanas, abriendo válvulas y chirriando por todas las piezas. El silbido de la «cucaracha» cundió también en el tumulto. Entonces la multitud pareció amotinarse. Se golpearon cazuelas, se hicieron rodar cubos. Se gritaba, se chiflaba con todos los dedos metidos en la boca. Un chico huyó por una calle, haciendo saltar una lata llena de guijarros. En el hotel americano se oyeron coros de borrachos evangélicos. Y el relevo de media noche se hizo en medio del desorden más completo... Vestidos de *over-all,* chorreando sebo, varios negros salieron corriendo del ingenio y fueron directamente al bar más cercano clamando por un trago. Algunos yanquis, con la corbata en la mano, abandonaron el hotel sudando alcohol... Un violento rumor de voces partía de la casa de calderas. A causa de la fiesta, el personal de relevo no estaba completo. Quiso im-

pedirse la salida a los jamaiquinos. Estos amenazaron
con emborracharse en las mismas plataformas del Central.

Atontado por la baraúnda, cegado por las luces, Menegildo entró en la bodega de Canuto. Aquí también se
bebía, junto a una «vidriera» que encerraba cajetillas de
Competidora Gaditana, ruedas de Romeo y Julieta, bo-
niatillos, alegrías de coco, jabones de olor, carretes de
hilo y moscas ahogadas en almíbar... Varios cantadores
guajiros improvisaban décimas, sentados en los troncos
de quiebrahacha colocados en el portal a modo de bancos. Los caballos asomaban sus cabezotas en las puertas,
atraídos por el resplandor de quinqués de carburo en
forma de macetas... Las flores poéticas nacían sobre
monótono balanceo de salmodias quejosas. Las coplas
hablaban de trigueñas adoradas a la orilla del mar, del
zapateado cubano y de gallos malayos, de cafetales y camisas de listado; todo iluminado con tintes ingenuos,
como las litografías de cajas de puros. Mientras tanto,
un escuadrón de judíos polacos se infiltraba entre los
borrachos, vendiendo corbatas pasadas y hebillas de
cinturón con las insignias de yacht-clubs imaginarios.

> *¡Ese caballo fue mío,*
> *Valiente caminador!*
> *Era de un gobernador*
> *De la provincia del Río.*

Menegildo pidió una *gasiosa* por encima de diez cabezas. Se hizo magullar y vio cómo Pata Gambá, uno de
los guapos del caserío, apuraba su refresco sin hacerle el
menor caso. Intimidado, triste, solo, emprendió nuevamente el camino para alejarse del ingenio.

A la salida del pueblo varios faroles de vía avanzaban
a paso de carga.

—¡Viva Españaaaaaa...!

Menegildo vio surgir de la sombra a los siete únicos

gallegos que habían quedado en el Central, anulados por la miseria, después del éxodo de emigrantes blancos de los años anteriores. Ahora estaban unidos en un gran concertante de gaitas y chillidos. Blandían botellas vacías y pomos de aceitunas que, pagados en vales a la bodega del ingenio, debían haberlas costado varias semanas de durísimo trabajo... ¿Pero quién pensaba ya en el mañana? ¡Era tan sabido que, al fin y al cabo, sólo los yanquis, amos del Central, lograban beneficiarse con las magras ganancias de aquellas zafras ruinosas...!

16

Encuentro

Una luna grávida, clara como lámpara de arco, parecía atornillada, muy baja, en una toma de corriente de la cúpula nocturna. Las siluetas de los árboles eran recortes de papel negro clavados en la campiña. Una luz de ajenjo bañaba el paisaje. Menegildo abandonó la ruta para seguir un atajo. Detrás de él, rodeado de músicas y danzas, roncaba el Central. Al pasar delante de una casona incendiada por los españoles en época de la guerra del 95, se santiguó. El sendero estaba orlado por setos de piedra cubiertos de lianas verdes, parecidas a sierpes. De techo en trecho se alzaba, por unos metros, una alta e impenetrable pared de cardones lechosos. Una lechuza hendió el espacio como una pedrada... «¡Sola vaya!», murmuró Menegildo.

Se aventuró en una vereda, siguiendo un campo de caña cuyas hojas se mecían blandamente con ruido de diario estrujado. En un extremo divisó varias cabañas triangulares. Cerca de estas viviendas primitivas, una hoguera agonizante lanzaba guiños por sus rescoldos.

—¡Lo haitiano! —pensaba Menegildo—. Deben estar todo bebío...

Y escupió, para demostrarse el desprecio que le producían esos negros inferiores.

Siguió andando. Un poco más lejos, en una gruesa piedra, divisó una forma blanca. Desconfiado por instinto desde la hora en que caían las sombras, Menegildo se detuvo, mirando con todos los poros. Parecía una silueta de mujer. ¡Alguna haitiana del campamento...! Se acercó a paso rápido y, sin detenerse, pronunció un seco:

—Buenaj noche.

—Buenaj noche —respondió una voz que le hizo estemecerse por su acento inesperado.

Ya había dejado la mujer a sus espaldas, cuando la oyó hablar nuevamente:

—¿Pasiando?

—Un poco...

Menegildo se volvió, deteniéndose a unos metros de ella, sin saber qué decirle. Había regresado por la sorpresa que le causaba oírla hablar «en cubano». Debía ser de la tierra, porque casi ninguna haitiana lograba hacerse entender con «el patuá ese de allá...». Menegildo observó que unos ojazos dulces y afectuosos relucían en su rostro obscuro. Sus cabellos, apretados como un casco, se veían divididos en seis zonas desiguales por tres rayas blancas. Estaba cubierta por un vestido claro, lleno de manchas y remiendos, pero bien estirado sobre el pecho y las caderas. Sus pies descalzos jugaban con el espartillo húmedo de rocío. Tenía una flor roja detrás de la oreja. («Tá buena», pensaba Menegildo, desnudándola mentalmente.)

—No tenía gana e dolmil, y vine a sentalme aquí a cogel frecco.

—¿Sí?

Menegildo se sentía cohibido. No se le ocurría frase alguna. Queriendo adoptar una actitud varonil, se sacó de la camiseta un trozo de tabaco mascullado y lo encendió largamente. La mujer lo miraba con fijeza mientras la luz del fósforo hacía bailar sombras en su cara.

De pronto, Menegildo halló un tema de conversación:

—Ya tenemo año nuebo.

—Parese...

—En e pueblo la gente bailaba en tó lao. ¡Y había tomadore! ¡Caballero, qué de tomadore...!

Ella suspiró:

—Yo hubiese querido dil hatta e caserío pa vel a la gente... ¡Pero e muy lejo! ¡Y de noche! ¡Y sola por ahí! ¡E un diablo eso...!

—No e bueno metelse en e rebumbio! ¡Ya debe habel gente fajáá...! ¡Yo vine en seguía! ¡Pal demonio...!

—Sí, pero aquello está diveltío... Lo de aquí etá muy tritte...

Menegildo hizo una pregunta que le quemaba los labios:

—¿Uté e de por aquí?

—Yo soy de allá, de Guantánamo.

El silencio pesó nuevamente. Un orfeón de grillos transmitía sus adagios bajo las hierbas. Menegildo, no sabiendo en qué ocupar sus dedos, se quitó el sombrero de guano. La mujer sonrió:

—No se quite e sombrero.

—¿Pol qué?

—Mire que la luna e mala...

—¡Veddá...!

Tenía razón. La luna era mala. Salomé se lo había dicho mil veces. Menegildo se cubrió. El hombre y la mujer callaban, mirándose de soslayo. El mozo chupaba fuertemente su puro. Pero estaba apagado y no le quedaban cerillas... La desconocida observó que este percance lo llenaba de vergüenza.

—Agualde...

La mujer corrió hacia la hoguera casi apagada para

traerle una rama en que una pálida lumbre vivía aún.

Al encender la colilla, Menegildo creyó adivinar la forma de un seno por el leve escote del vestido.

—¡Gracias...!

—¡De ná!

El cerebro del macho esbozó un gesto que sus manos no siguieron. Ahora se sentía profundamente humillado por su curiosidad. «¡Si no fuese tan tímido, le *fajaría* a la mujel esa...!» Pero la sensación de que nunca tendría el valor de ello aumentaba su indecisión. Quería marcharse y no lograba dar un paso... Al fin rompió el silencio:

—Entonse... Buena noche

—Adió.

Partió sin volver la cabeza. Dos ojos brillantes estaban clavados en su nuca. Sus músculos percibían esa mirada a través de la camiseta. Se apresuró, hostigado por una inquietud extraña que le hacía contraer las espaldas.

Una araña peluda, con lomo de terciopelo pardo, atravesó lentamente el sendero.

17

Lirismos

Menegildo estaba enamorado. Mil lirismos primarios iban naciendo en las íntimas regiones de su tosca humanidad. Un cálido cosquilleo recorría su cuerpo cada vez que pensaba en la mujer encontrada la otra noche. Cantaba, reía solo o, súbitamente, se sumía en una batimiento sin esperanza. Erguido en la carreta, atravesaba los cañaverales con aire ausente. A veces trocaba los nombres de los bueyes, regañando a Piedra Fina por Grano de Oro, haciéndoles bajar a las cunetas o derribando montones de cañas.

—Tú etá loco, muchacho —decían gravemente los carreteros viejos.

El que por principio, sin saber leer, discutía siempre el peso de las carretadas cuando había detenido sus bestias bajo el arco de la romana, se quedaba apartado ahora, dejando que el pescador manipulara libremente sus termómetros de quintales. El florecimiento de su vida sentimental era responsable de algunos vientres apretados a la hora de la paga, pues el pesador —antiguo hi-

dalgo italiano, arruinado por la guerra y su estetismo im-
productivo— movilizaba todas las prácticas encamina-
das a engañar al mísero machetero en beneficio del colono. Los pesos y contrapesos corrían sobre reglas de
cobre, movidos por manos de bandido. Pero Menegildo
pensaba en otras cosas, apoyado en su pica... Como su
aspecto físico comenzaba a preocuparlo, se compró un
par de zapatos de piel de cerdo, con ancha suela redonda. El polaco Kamín le hizo adquirir una camisa anaran-
jada, con círculos rojos y azules, en La Nueva Varsovia.
Además lo indujo a gastarse los últimos cuartos que le
quedaban en un «jabón de olor».

Estas maravillas fueron acogidas con desconfianza
por Salomé. La vieja se preguntó si su hijo no habría
sido víctima de alguna brujería disuelta en una taza de
café. ¡Cuando menos se lo piensa uno, le echan la salación...!

Aquella noche, Salomé repitió con insistencia, mirando al mozo de reojo:

—¡La mujere son mala! ¡La mujere son mala...!

Sin darse por aludido, Menegildo guardó sus com-
pras debajo de la cama, mascullando amenazadas terri-
bles para aquel de sus hermanitos que se atreviera a to-
carlas.

18

Hallazgo

Dominado por una preocupación nueva en su vida, Menegildo pasaba todos los días delante del campamento de haitianos que albergaba a la linda mujer de la flor en la oreja.

Él nunca habría sido capaz de enamorarse de una haitiana. ¡Desde luego! Pero creía adivinar que una mujer «de allá, de Guantánamo», no se encontraba a gusto entre tantos negros peleones y borrachos, que sólo pensaban en gallos y botellas. Menegildo no lograba ver claro en ese problema, y la sensación de un misterio hacía crecer los prestigios y atractivos de esa desconocida, a la que deseaba furiosamente ahora, con todos los ímpetus de su carne virgen... El egoísmo de su pasión sana, sin complicaciones, no admitía la posibilidad del obstáculo infranqueable. Lo que debía pasar, pasaría. ¡Y si ella no lo quería por las buenas, sería por las malas!

Una mañana la vio colgando ropas mojadas junto a una de las chozas. La mujer le sonrió dulcemente, mordiéndose el índice. Pero un negro gigantesco atravesó el campamento, y ella le volvió bruscamente las espaldas. Otro día se miraron durante largo rato a distancia. Se hicieron señas que ninguno entendió... Una noche, ella le tiró una flor silvestre que olía a gasolina. Pero cada vez que Menegildo intentaba acercarse, lo detenía un atemorizado ademán. La mujer parecía temer algo. Moviendo hacia él la palma de la mano le decía siempre: «Aguarda...»

· Entonces Menegildo, azotado por el deseo, picaba sus bueyes con furia. Grano de Oro y Piedra Fina partían a toda velocidad, belfos en tierra, sacudiendo la cola con indignación.

—¡Tú etá loco, muchacho! —repetían los carreteros viejos.

Aquella tarde, frente al campamento de haitianos, Menegildo detuvo la carreta para recoger un jirón de tela blanca que colgaba de un arbusto espinoso. Lo tomó con la mano izquierda y se lo guardó en el sombrero, bendiciendo las fuerzas ocultas que lo hacían merecedor de semejante hallazgo.

19

El embó

El bohío del viejo Beruá se alzaba al pie de un mogo-te rocoso, agrietado por siglos de lluvia y roído por una miríada de plagas vegetales. Algunas cañas bravas, lige-ras como plumas de avestruz, jalonaban su base, orlan-do el manto casi impenetrable del enorme cipo —ur-dimbre de espinas, tubos de sabia dulzona, verdosos ciempiés y orquídeas obscenas. El brujo vivía pobre-mente. Jamás había conocido la celebridad de Tata Cu-ñengue, el que mató al alacrán, ni la opulencia de Taita José, el que llegó a poseer en la capital aquel *Solar del Arará*, visitado antaño por más de un nieto de capitanes generales. Pero la mazorca de maíz colgaba frente a su puerta, con los granos al descubierto, así como su vejez y la demostrada eficiencia de sus remedios, daban fe de una ciencia digna de ser envidiada por sus más sabios antecesores. Aunque nunca se había aventurado hasta ahí Menegildo adivinó que aquélla era la casa. El mozo gritó con voz fuerte:

—¡Buenoj día!

El viejo Beruá apareció en el marco de la puerta. Su cara parecía más arrugada que nunca. Tenía la cabeza envuelta en una servilleta blanca —color ritual de la Virgen de las Mercedes. Una patilla gris temblequeaba en el vértice de su barba. Sus manos sarmentosas, llenas de escamas como lomo de caimán, se asían de un grueso bastón. Detrás de él asomó la casi centenaria Ma-Indalesia, esposa del Taita, contemplando a Menegildo con curiosidad hostil.

—Taita... Soy Menegildo, el hijo de Salomé... Era pa un remedio...

Ma-Indalesia lo hizo entrar con una seña. Examinó todavía al mozo durante un instante, hasta que una sonrisa se dibujó en la trama de sus arrugas:

—¡Ay, niño...! Tu madre no se acuelda ya de la vieja. Battante vese que le puse la Oración de la Vilgen de la Caridá en la barriga cuando daba a lú... Ella debe ettalse figurando que la vieja Indalesia etá que no sibbe pa ná... Jase como una pila e tiempo que no manda ná pal Santo.

—Mientras no hay enfelmo, naiden se acuelda de uno... —apoyó el Taita.

Menegildo, sentado en un taburete entre los dos ancianos, objetó con timidez:

—Taita... Uté sabe que todo lo queremo... Ayel mimitico Luí se acoldaba de cómo Ma-Indalesia le sacó un orzuelo, arrestregándoselo con e rabo de un gato prieto...

Beruá se mostró más indulgente:

—Etamo en pá, niño. E camino e laggo... Y la comadre etá cansá de tanto trabajo y tanto muchacho... ¿Cuá é e remedio que tú necesita?

Menegildo respondió gravemente:

—Taita... E cuestión de enamoramiento.

—¿Quiere echarle un *daño* a agguien?

—No. E pa que me correpponda.

—¿Cómo se ñama?

—No sé.

Beruá se rascó el cuello terroso.

—Mal negocio... ¿E de colol?

—Sí.

—Mejol... ¿Tienes pelo de ella?

—No.

—¿Ni un peazo e ropa?

—Aquí lo traigo.

—Dame acá. ¡Se hará lo que se puea...!

Menegildo sacó de su bolsillo el trozo de tela blanca recogido junto al campamento de los haitianos, entregándoselo al Taita.

—¿Y la comía del santo?

El mozo deshizo un bulto que llevaba en la mano. Envueltos en su pañuelo se encontraban una botellita de aguardiente mezclado con miel de purga, tres bolas de gofio, algunas frituras de ñame, un corazón y una mano de metal, como los que testimoniaban de promesas cumplidas en la iglesia del caserío. Beruá tomó estas ofrendas, pero no se movió aún. Uniendo el índice y el pulgar de la mano derecha, dijo secamente, con voz inesperadamente vigorosa:

—*¡Oyá! ¡Oyá!*

Menegildo comprendió. Algunas monedas cayeron en la manos del santo. Entonces Beruá confió los presentes a Ma-Indalesia. Esta se dirigió hacia el fondo del bohío, donde una cortina de percalina bárbara cerraba la puerta de una habitación misteriosa. A punto de entrar, se volvió hacia el mozo.

—Ven.

Palpitante de emoción, mudo, sudoroso, Menegildo penetró en el santuario, seguido por el sabio Beruá... Al principio sólo divisó una vaga arquitectura blanca, apoyada en una de las paredes. Las ventanas estaban cerradas, y ninguna hendidura dejaba pasar la luz.

—¡Arrodillao!

Cuando el mozo hubo obedecido, Beruá encendió

una vela. Un estremecimiento de terror recorrió el espinazo de Menegildo... Se hallaba, por vez primera, ante
las *cosas grandes,* de las cuales el altar de Salomé sólo resultaba un debilísimo reflejo, sin fuerza y sin prestigio
verdadero. A la altura de sus ojos, una mesa cubierta de
encajes toscos sostenía un verdadero cónclave de divinidades y atributos. Las imágenes cristianas, para comenzar, gozaban libremente de los esplendores de una vida
secreta, ignorada por los no iniciados. En el centro, sobre la piel de un chato tambor ritual, se alzaba Obatalá,
el crucificado, preso en una red de collares entretejidos.
A sus pies, Yemayá, diminuta Virgen de Regla, estaba
encarcelada en una botella de cristal. Shangó, bajo los
rasgos de Santa Bárbara, segundo elemento de la trinidad de *orishas* mayores, blandía un sable dorado. Un San
Juan Bautista de yeso representaba la potencia de Olulú.
Mama-Lola, china pelona, diosa de los sexos del hombre y de la mujer, era figurada por una sonriente muñeca de juguetería, a la que habían añadido un enorme lazo
rosado cubierto de cuentas. Vestidos de encarnado, con
los ojos fijos, los Jimaguas erguían sus cuerpecitos negros en un ángulo de la mesa. Espíritus mellizos, con
pupilas saltonas y los cuellos unidos por un trozo de
soga aparatosamente atado. Un cándido gallito de plumas, colocado en una cazuela de barro y rodeado por
siete cuchillos relucientes simbolizaba el poderío indómito del demonio Eshú... En torno a las figuras, un hacha, dos cornamentas de venado, algunos colmillos de
gato, varias maracas y un sapo embalsamado constituían
un inquietante arsenal de maleficios. El guano de las paredes sostenía herraduras, flores de papel y estampas de
San José, San Dimas, el Niño de Atocha, la Virgen de
las Mercedes. Sujeto de un clavo se veía el collar de Ifá
compuesto por dieciséis medias semillas de mango, ensartadas en una cadena de cobre.

Ma-Indalesia repartió las ofrendas de Menegildo dentro de las jícaras, platos y soperas que se encontraban

colocados delante de cada santo. El Taita, que había desaparecido en una habitación contigua desde hacía un
instante, volvió, trayendo un largo tambor bajo el brazo
izquierdo. Al verlo, Menegildo tuvo un sobresalto de
sorpresa: su cabeza estaba coronada por un gorro adornado con plumas de cotorra, del que colgaban cuatro
largas trenzas de pelo rubio. Su camisa abierta sobre el
pecho velludo, dejaba visible una bolsa de amuletos,
sostenida por una correa fina. Y como el Taita padecía
en aquellos días de dolor de garganta, otra bolsita, pendiente de un cordoncillo, debía encerrar una araña viva.
El harapo recogido por Menegildo fue colocado en el
centro del altar.

—¿Tú etá seguro que era ropa de ella?

—Sí.

—¡Entonse vamo a empezal por la limpieza! —sentenció el brujo.

Untando sus dedos en la manteca de corojo que contenía una pequeña vasija de porcelana, el viejo beruá en-
grasó la frente, las mejillas, la boca y la nuca de Menegildo. Luego comenzó a girar lentamente en torno del
mozo prosternado. A cada tres pasos se detenía para
arrojar un puñado de maíz tostado, bañado en vino dulce, sobre las espaldas temblorosas del paciente. Entonces, en dúo, el brujo y Ma-Indalesia repitieron varias veces:

—¡Sará-yé-yé! ¡Sará-yé-yé!

Después de esta invocación, el brujo se plantó ante
Menegildo:

—¿Dónde nació tu padre?

—¡En la finca e Luí!

—¿Dónde nació el santo?

—¡Allá en Guinea!

Taita Beruá volvió a comenzar:

—¿Dónde nació el santo?

—¡Allá en Guinea!

—¿Dónde nació tu padre?

—¡En la finca e Luí!

Combinando las fórmulas, los tres cantaron, alternando las réplicas a capricho:

—El santo en Guinea.

—¡Sará-yé-yé!

—Usebio en la finca.

—¡Sará-yé-yé!

—El santo en Guinea.

—¡Sará-yé-yé!

—En la finca e Luí.

—¡Sará-yé-yé!

—El santo en la finca.

—¡Sará-yé-yé!

—¿Quién amarra, quién amarra?

—¡Sará-yé-yé!

—En la finca e Luí.

—¡Sará-yé-yé!

—Menegildo, Menegildo.

—¡Sará-yé-yé!

—¡En la finca e Luí!

—¡Sará-yé-yé! ¡Sará-yé-yé! ¡Sará-yé-yé!

Calló el tambor. Callaron las voces. Entonces Beruá tomó el trozo de tela. Lo ató con un cáñamo, en el que hizo siete nudos, diciendo:

—Con el uno te amarro.

—Con el do también.

—Con el tre Mama-Lola.

—Con el cuatro te caes.

—Con el cinco te quemas.

—Con el sei te quedas.

—¡Con el siete, amarrada estás!

Beruá hizo una seña a Menegildo. El mozo se levantó. Siguiendo al brujo, salió del bohío. A la sombra de un aromo, Ma-Indalesia escarbó la tierra con sus manos arrugadas. El brujo dejó caer el pequeño lío de trapo y cordel dentro del hoyo.

—¡Entiérralo!

El mozo, tembloroso de emoción, sepultó el pobre harapo, mientras el sabio recitaba la Oración al Ánima Sola.

—¡Cuando hayga salido una mata —sentenció después—, la mujel mijma te andará buccando!

Lleno de júbilo, henchido de agradecimiento, Menegildo inclinó la frente hasta los dedos callosos del Taita. Todavía le dio unas monedas para «la comía del santo», y se despidió de Ma-Indalesia. La voz temblequeante de Beruá le recomendó:

—Niño, dile a Salomé que eta casa e suya, y que e viejo está pasando mucho trabajo...

—Deccuide, Taita.

Menegildo se alejó del mogote con paso ligero. Se sentía más nervudo, más ágil que nunca... Los aguinaldos en flor cubrían las ramas de los guayabos con sus copos blancos. Bajo un sol de platino, el paisaje brindaba insólitas visiones de flora siberiana.

20

Iniciación (b)

A pesar del sortilegio, los días pasaban sin que la suerte de Menegildo variara. Debía creerse que ninguna semilla se había complacido en germinar sobre la tumba de los siete nudos. El mozo hablaba en sueños; se hacía taciturno e irritable. Sis escuchar las protestas indignadas de Salomé, repartía bofetadas y nalgadas a Rupelto y Andresito por los motivos más nimios. A la hora de la reunión familiar en la mesa, apenas hablaba. Usebio y el viejo Luí lo observaban furtivamente, sin comprender. La madre, casi convencida de que un *daño* actuaba sobre su vástago, pensaba emprender la caminata hasta la casa del brujo, un próximo día, para pedirle una *limpieza* total de la casa, con agua de albahaca y palitos de tabaco. Esperaba tan sólo que sus piernas hinchadas dejaran de dolerle, y con este fin se aplicaba emplastos de sangre de gallina... Una peculiar vibración de la atmósfera denunciaba la llegada de la primavera, con su destilación de savias, su elaboración de simientes. El limo se resquebrajaba, ante un hervor de retoños. Los caballos soltaban las lanas del invierno. El rumor constante de la fábrica se sincronizaba con un vasto concertante de relinchos, de persecuciones en las frondas, de carnes aradas por la carne. Los grillos se multiplicaban. El mugir de los toros repercutía hasta las montañas azules que la bruma esfumaba suavemente. Un primer nido había sido descubierto por los macheteros del cañaveral cercano... Pero Menegildo se sentía solo y agriado en medio del cántico de la tierra.

Aquella tarde el mozo regresaba a pie del caserío. El crepúsculo combinaba una última gama de rojos y morados. Como de costumbre, Menegildo siguió el sendero que se había vuelto, para él, una ruta cotidiana. Andaba a paso de potro cansado, arrastrando las piernas, dejando colgar los brazos. Desde que el recuerdo de esa mujer iba minando sus reservas de energía, el deseo se había acumulado de tal manera en sus sentidos, que llegaba a experimentar una suerte de anestesia moral. Era como si una gran desgracia, una desgracia mal definida, pero sin remedio, le hubiera acontecido... Miró con ojos torvos las cabañas de los haitianos, que se alzaban a su izquierda. Y como esta visión lo dotó nuevamente del sentido de las realidades, se complació en enviar a todos los ajos a aquella mujer que había entrado en su vida «para trael la desgrasia»... Después de proferir cien imprecaciones a media voz, se sintió más fuerte, más dueño de sí mismo.

Dejó a sus espaldas el campamento donde los negros vaciaban jícaras de *congrí* y pan bañado en guarapo. Ya atravesaba la cañada que cortaba el camino, cuando se detuvo bruscamente, mirando con toda la piel.

La mujer estaba ahí. Sola. Sentada en una piedra blanca, bajo los almendros.

Menegildo saltó al arroyo para llegar más pronto. Ella intentó huir, con nervioso sobresalto de corza. El mozo la apretó entre sus brazos, incrustando sus anchos dedos en caderas tibias.

—¡Quita...! ¡Quita...!

La mordía como un cachorro. Los dientes no lograban pellizcar siquiera la carne rolliza de sus hombros.
Pero sus sentidos se enardecían hasta el paroxismo, co-
nociendo el sabor de la piel obscura, con su relente de
fruta chamuscada, de resina fresca, de hembra en celo.
Las manos se le contraían nerviosamente, amasando
aquel cuerpo como pasta de hogaza. Ella, remozando un
rito primero de fuga ante el macho, arañaba su pecho y
esquivaba el rostro ante las ansiosas caricias del hombre.

—¡Suetta! ¡Suetta...!

—No... No... ¡Ahora sí que no te me vá...!

Menegildo le desgarró brutalmente el vestido. Sus senos temblorosos, contraídos por el deseo, surgieron entre hilachas y telas heridas. El mozo la apretó, rabiosamente contra su cuerpo. Jadeantes, empapados de sudor, rodaron entre las hierbas tiernas...

De pronto ella se deslizó entre las manos ya blandas
de Menegildo. Atravesó la cañada, hundiendo sus pies
desnudos en las arenas cubiertas de agua. Corrió hacia
un grupo de guayabos que crecían en la otra orilla, tratando de ocultarse los senos con las manos abiertas.
Como el mozo se disponía a seguirla, le gritó:

—¡Vete...!

Y desapareció entre los árboles.

Después de un momento de indecisión, Menegildo
decidió regresar al bohío. Se sentía inquieto, inexplica-
blemente inquieto, al darse cuenta, de manera vaga, que
un nuevo equilibrio se establecía en su ser. Era como si
hubiese cambiado de piel, bajo el influjo de un clima insospechado. Una palpitante alegría hacía oscilar un gran
péndulo detrás de sus pectorales cuadrados, que ya conocía contacto de mujer... Aquella noche, ante el repentino cambio de humor que observó en su hijo, Salomé
aplazó sus proyectos de *limpieza* mágica. Hizo café dos
veces, sin explicar a Usebio y Luí que con ello festejaba

una curación misteriosa, que sólo podría atribuirse a sus repetidas oraciones y a la protección de las sacras imágenes del altar hogareño.

Dos días después, guiados por una telepatía del instinto, el hombre y la mujer se encontraron en el mismo lugar. Y la cita se repitió cada tarde... Encima de ellos, bajo cúpulas de hojarasca, los cocuyos se perseguían a la luz de sus linternas verdes, mientras el rumor sordo del ingenio danzaba en una brisa que ya olía a rocío.

21

Juan Mandinga

Aquella noche cabalgando un cajón lleno de leña, el viejo Luí evocaba cosas de otros tiempos... ¡Musenga, musenga! ¡Ay, sí, niño! ¡Y bien que había sido esclavo! Su padre, Juan Mandinga, bozal de los buenos, había nacido allá en Guinea, como los santos del viejo Beruá... Los pliegues más remotos de su memoria conservaban el recuerdo de cuentos que describían un largo viaje en barco negrero, por el mar redondo, bajo un cielo de plomo, sin más comida que galletas duras, sin más agua para beber que la contenida en unos cofres hediondos... ¡Ay, sí, niño! Al bisabuelo ese nadie tuvo que enseñarle la lengua hablada en los barracones. Los ingenios de entonces no eran como los de ahora, con tantas maquinarias y chiflidos. El cachimbo del amo tenía un simple trapiche, con unas mazas y unas pailas para cocinar el guarapo. La chimenea era chata, ancha abajo y estrecha en el tope, como las de ciertos tejares primitivos. Y tanto en el día como por el cuarto de prima o el de madrugada, la dotación penaba junto a los bocoyes... El

régimen era implacable. Las hembras de la negrada tra-
bajaban tan rudamente como los hombres. A las cinco
de la madrugada llamaba el mayoral, y los que no hubiesen cubierto turnos de noche tenían que salir hacia los
cortes o la casa de calderas, bajo la amenaza del látigo.
Por la tarde, sonaba la campana, y después de la oración
había que hacinarse en los barracones para dormir detrás de las rejas. También había chinos entonces, pero
eran mejor tratados, que la *carne de ébano*. ¡Nada era peor
que la condición de negro...! Por cualquier falta le *me-
neaban el guarapo*, y, ¡ay, niño!, silbaba la «cáscara de
vaca» o el matanegro sobre las espaldas contraídas. El
cuero y el bejuco levantaban salpicaduras de sangre hasta el techo del tumbadero... Y, a veces cuando el delito
era mayor, se aplicaba el «boca-abajo llevando cuenta» y
el supliciado tenía que contar en alta voz los azotes que
recibía. Y si se equivocaba, ¡ay, niño!, el mayoral empe-
zaba de nuevo. ¿Quién comprendía que muchos bozales
sólo sabían contar correctamente hasta veinticinco o
treinta? Nadie. Los gritos desgarraban las gargantas: *Ta
bueno, mi amo; ta bueno, mi amito; ta bueno...* Y después, para
curar las heridas, las untaban con una mezcla de orines,
aguardiente, tabaco y sal. Y cuando una mujer embarazada merecía castigo, abrían un hoyo en la tierra para
que su viente no recibiera golpes, y le marcaban el lomo
a trallazos... ¡Y los grilletes! ¡Y los cepos! ¡Y los collares
de cencerros que iban pregonando la culpa! ¡Ay, niño,
los tiempos eran malos...! Sólo los domingos, después
de la limpieza del batey y de la casa vivienda, la dotación podía olvidar sus padecimientos durante unas horas. Bajo la presidencia del rey y de la reina designados
para la ocasión, el bastonero daba la señal del baile. Re-
tumbaban los tambores, y los cantos evocaban misterios
y grandezas *de allá*... Pero las negradas del campo ignoraban los esplendores de la Fiesta de Reyes, que sólo se
celebraba dignamente en las ciudades. Ese día las calles
eran invadidas por comparsas lucumíes, de congos y

ararás, dirigidas por diablitos, peludos, reyes moros y «culonas» con cornamentas. Antes de recibir el aguinaldo se bailaba la Culebra:

> *Mamita, mamita,*
> *yén, yén, yén,*
> *que me come la culebra,*
> *yén, yén, yén.*
> *mentira, mi negra,*
> *yén, yén, yén.*
> *Son juegos e mi tierra,*
> *yén, yén, yén...*

Pero estos fugaces holgorios no compensaban una infinita gama de sufrimientos. El negro que no moría por enfermedad o a causa de un castigo, acababa pegado a una talanquera, hecho huesos y pelo... Los mayorales eran la plaga peor. Abusadores, crueles, altaneros. Doblando siempre el espinazo ante el amo, descargaban sus secretos rencores sobre el siervo de carne obscura. La mayoría, ávida de parecerse a las señoritas de la casa, imponía las faenas más estúpidas a los esclavos de la dotación. ¿Qué llegaba un domingo? Escogía al mejor bailador de la colonia para llevar un recado a cinco leguas de distancia. ¿Que estaba embarazada y quería comer pescado? ¡Vengan dos negros para meterse en el río y coger sol y humedad por gusto...! Sin embargo, el viejo Juan Mandinga fue de los pocos que no pudieron quejarse por aquellos años durísimos. Con sus dientes limados en punta y cauterizados con plátano ardiente, supo caerle en gracia al amo. El amo de aquel ingenio no era como tantos otros. Se le sabía afiliado a la masonería. Leía unos libros franceses que hablaban de la igualdad entre los hombres. Hizo destruir varios calabozos destinados a la negrada. A menudo regañaba al mayoral cuando le sorprendía castigando a un negro con excesiva rudeza. Y cuando nació el hijo de Juan Mandinga, lo eligió para desempeñar tareas domésticas que se reducían muchas veces a la de jugar con los niños blancos... Cuando estalló la guerra, fue de los primeros en alzarse contra los tercios españoles. El padre de Luí le cargó las escopetas y la tienda de campaña. Y al terminarse la esclavitud, en recuerdo de los días tormentosos de la manigua, el amo regaló al viejo esclavo aquel trozo de tierra que sus hijos labrarían... hasta verse obligado a venderlo al Ingenio norteamericano... ¡Juan Mandinga sí que había visto cosas...! A pesar de su fidelidad al amo, descifró, como todos sus semejantes, los secretos toques de tambor que anunciaban próxima sublevación en las dotaciones vecinas. Pero nada dijo acerca de ello, deseando que, por una vez, los mayorales conocieran los furores del humilde que se subleva. Los jefes de aquella rebelión fueron bárbaramente pasados por las armas, como aconteció muchos años antes con aquel heroico Juan Antonio Aponte, cabecilla de esclavos, cuyo cadáver, descuartizado, se expuso en el puente de Chávez para escarmiento de las negradas. Las señales rítmicas surcaban el cielo como un toque de rebato. Juan Mandinga husmeó el aire en silencio, sintiendo una simpatía ancestral por los que osaban remozar ritos de telegrafía africana con aquellos tam-tam que olían a sangre. Pensaba que si el desesperado esfuerzo no daba fruto, al menos los palenques de cimarrones quedarían engrosados. Y después de sofocado el levantamiento, cuando el amo, adivinando que Juan sabía largo sobre el asunto, le preguntó: «¿Y tú, qué opinas de los atropellos cometidos por tus hermanos?», el negro le respondió valientemente: «Mi amo, tóos no son como uté, y cuando e río crese e porque hay lluvia. Si la tiñosa quiere sentalse, acabarán por salirle naigas...» El amo le había contemplado con muda sorpresa, pensando que, en el fondo, las palabras del esclavo anunciaban el ocaso de un indefendible estado de cosas. Y cuando devolvió la libertad a Juan Mandinga, le autorizó a llevar su propio apellido para que su prole no fuera mancillada por un nombre forjado en mercado de negros...

El viejo Luí se acaloraba con el relato.

—Sí, niño. Lo tiempo eran malo pa la gente de colol. Por salás que estén las cosas ahora, no e lo mimo. ¡Las zafras por e suelo! ¡Los pobres siempre embromaos y pasando hambre! ¡Lo colono pagando poco y regateando e resto! ¡Pero, a pesar de to, no hay desgrasiao que pueda pelarle el lomo a uno! ¡Pa eso hubo la guerra! ¿E tiempo de Eppaña? ¡Pal cará...!

Menegildo no se conmovía con estas evocaciones. El monólogo del abuelo, harto conocido, le era tan indiferente ahora como la monótona trepidación del Central. Pensaba gravemente en la mujer que había elegido. Él hubiera querido *arrimarse* con ella, construir un bohío como ése, con una «colombina de matrimonio» para poder dormir juntos. Pero aquello se mostraba como algo muy remoto. Todo contrariaba sus proyectos... De pequeñuela, Longina había sido llevada a Haití por su padre. Este último, embrujado por un hombre-dios que recorría las aldeas con los ojos desorbitados, desapareció un día sin dejar huellas. La niña quedó al cuidado de una tía vieja que la maltrataba. Con la adolescencia, sintió anhelos vagabundos, y como tenía deseos de volver a la tierra que decían suya, se fugó con un bracero haitiano que iba a Cuba para trabajar en los cortes. Poco después, su primer «marío» la vendió por veinte pesos a un *compé* de la partida, llamado Napolión. Era pendenciero y borracho. Le inspiraba un miedo atroz. Siempre encontraba motivo oportuno para zurrarla... Y Longina no era mujer a quien gustara dejarse pegar por «un cualquiera»... («Tú sí puées hacel conmigo lo que te dé la gana», había confesado a Menegildo)... Por esto temió hablar con el mozo durante largas semanas. ¡Pero, ahora, todo le importaba poco! Ella lo quería. Lo juraba sobre la memoria de su padre y las cenizas de su madre. ¡Que se viera muerta ahora mismo si decía mentiras...!

Menegildo se repetía que esta situación no podría durar mucho tiempo. Instintivamente, esperaba un desenlace traído por la fuerza de las cosas. Y al reconocer que «estaba enamorado como un caballo», presentía una época de conflictos y violencias que le abriría las puertas de mundos desconocidos. Nada podría oponerse a la voluntad bien anclada en el cerebro de un macho. Como decía el difunto Juan Mandinga: «Si la tiñosa quiere sentalse, acabarán por salirle naigas»...

22

Incendio (a)

Inmóvil, mudo de sorpresa por la rapidez con que se había desencadenado el incendio, Usebio Cué contemplaba la gran cortina de fuego que cerraba inesperadamente el centro del valle. ¡Eso sí que era candela, caballeros! El humo claro subía majestuosamente en la noche, yendo a engrosar pesadas nubes tintas de ocre y preñadas de agua. Miríadas de lentejuelas ardientes revoloteaban sobre el plantío, levemente sostenidas por el vaho de la hoguera conquistadora. Frente a las llamas corrían hormigas humanas, sacudiendo largos abanicos. En coro, las sirenas del Central tocaban alarma.

—¡Desgraciaos! —sentenciaba el abuelo, apoyado en un horcón del portal, sin explicar a quién se dirigían sus insultos—. ¡Desgraciaos! Se va a quemar la casa de Ramón Rizo.

Espoleando su caballo de cascos pesados, un guardia rural entró en el batey, machete en mano, dispuesto a repartir planazos:

—¿Qué c... esperan aquí...? ¡Salgan a apagar, ajo! ¡Cojan yaguas y arranquen...!

Menegildo y su padre empuñaron pencas de guano y echaron a andar hacia el fuego. Por el camino, el padre rezongaba rabiosamente:

—¡Ahora hay que dil a tiznalse por gutto! ¡Siempre resulta uno salao!

Llegaron a la línea de defensa. El incendio avanzaba sobre los campos con un frente de doscientos metros. Las cañas sudaban, crepitaban, ennegrecían, sin perder un zumo cuya cocción se iniciaba sobre la tierra misma. Los ramos de hojas verdes y cortantes, pletóricos de savia, humeaban como chimeneas de fábrica. El colchón de paja que cubría el suelo húmedo era atacado por llamitas azules que lo iban mordiendo con ruido de motor de explosión. Centenares de guajiros y braceros azotaban el fuego con sus plumas vegetales, levantando torbellinos de chispas... Algunos colonos, galopando en sus caballos asustados por el resplandor, lanzaban órdenes breves, subrayadas, por imprecaciones y palabrotas. En medio de la turbamulta, la mujer de Ramón, sucia, desgreñada, casi desnuda, seguida por varios mocosos con las nalgas al aire, corría despavoridamente aullando lamentaciones que nadie escuchaba. Algunos jamaiquinos, con máscaras de cenizas y sudor, salían de vez en cuando de la zona del combate para tragar un sorbo de ron que les templaba las entrañas.

En el límite del paisaje, la mole cúbica del ingenio parecía arder también. Sus altos clarines eléctricos arrojaban quejas prolongadas desde las techumbres rojas —calderones lúgubres en la sinfonía del siniestro.

23

Incendio (b)

Menegildo golpeaba las llamas sin entusiasmo, cuando vio llegar una bandada de haitianos seguidos por un militar que blandía furiosamente su machete. Entre aquellos rostros negros reconoció el de Napolión, el marido de Longina... Una brusca resolución se apoderó de su cerebro. Movido por el escozor de la idea fija, se fue escurriendo hacia la derecha del fuego entre los grupos de trabajadores. Luego, con peligro de llamar la atención, escapó a todo correr por una guardarraya, hasta que un muro de altas cañas lo aisló del incendio. Sabía que si un guardia lo atajaba, recibiría más de un planazo en los hombros y en las piernas... Se detuvo un instante para orientarse y emprendió la carrera nuevamente. Saltó por encima de varios setos de piedra. Con su cuchillo se abrió paso en una cerca de cordones lechosos, cerrando los ojos para no ser cegado por el jugo corrosivo. Atravesando un potrero con paso rápido, observó que las nubes rojizas —pantalla del acontecimiento de abajo— se hinchaban cada vez más. Se detuvo a la entrada del campamento de haitianos. Lo vio desierto. Las mujeres también habían corrido hacia el fuego siguiendo a los braceros. Pero Menegildo estaba seguro que Longina estaba allí. El instinto se lo decía.

Entró a gatas en la choza triangular. Se oía una leve respiración en la sombra. Un olor que le era bien conocido lo guió hacia Longina. El mozo se dejó caer cerca de ella sobre el lecho de sacos. La mujer, durmiendo todavía, masculló un «vuelabuey-vuelabuey» ininteligible y se despertó con un sobresalto de sorpresa... Pero ya Menegildo la desnudaba con manos ansiosas.

Gruesas gotas comenzaron a rodar sonoramente por las pencas del techo. Las nubes se desgarraron en franjas transparentes y la tierra roja estertoró de placer bajo una lluvia breve y compacta. Un perfume de madera mojada, de verdura fresca, de cenizas y de hojas de guayabo invadió la choza. Todas las fiebres del trópico se aplacaban en un vasto alborozo de savias y de pistilos. Los árboles alzaron brazos múltiples hacia los manantiales viajeros. Un vasto crepitar de frondas llenó el valle. Ya se escuchaba el rumor de la cañada, acelerada por la impaciencia de mil arroyuelos diminutos.

El incendio agonizaba. Una que otra columna de humo jalonaban la retirada de las llamas. En el sendero, las herraduras besaban el barro. Los guajiros volvían apresuradamente, arrojándose «buenas noches» en las retaguardias del aguacero.

—¡Vete! —dijo Longina—. Napolión debe ettal al llegal. ¡Si se encuentra contigo, te mata!

Menegildo hinchó el tórax:

—No le como mieo. ¡E un desgrasiao! Si se aparece, le arrancó la cabeza.

—¡Vete, por Dió! ¡Vete, por tu madre! ¡Va a habel una desgrasia...!

Menegildo acabó por salir de la choza. Ya regresaban

los haitianos. Se oían sus voces en el camino. El mozo escapó entre las altas hierbas de Guinea. Cien metros más allá tomó tranquilamente el trillo que conducía al bohío.

Pero alguien venía etrás de él. Una sombra negra se le acercaba, apenas denunciada por un correr de pies descalzos. Menegildo se detuvo a un lado del sendero. Desenvainó su cuchillo, presa de vaga inquietud, pensando, sin embargo, que podía tratarse de un vecino que volvía del incendio...

Napolión se arrojó sobre él con una tranca en la mano:

—*¡Tién! ¡Tién!*

Antes de esbozar un gesto, Menegildo recibió un formidable garrotazo en la cabeza. El mozo cayó de bruces sobre la tierra blanda. Napolión lo golpeó varias veces. Su víctima no se movía.

¡Ca t'apprendrá...!

En una charca los sapos afinaban mil marímbulas de hojalata.

24

Terapéutica (b)

Menegildo llegó al bohío por la madrugada, apretándose las sienes con los puños. Un estruendo de fábrica vibraba en sus oídos. El cuerpo le dolía atrozmente. Tenía algo como un grueso alambre atravesado en los riñones. Una pasta de barro y de sangre le cubría el rostro, el pecho, los brazos. Se desplomó junto a su cama, despertando a toda la familia con sus quejidos. Se sentía cobarde y miserable. ¡Todo iba a terminar! ¡La vida lo abandonaba!

—¡Ay, ay, mi madre! ¡Me muero! ¡Me han matao...!

Salomé se mesaba los cabellos. Maldijo, lloró, encendió tres velas ante la imagen de San Lázaro.

—¡M'hijo! ¡Menegildo! ¡Cómo te ha puetto! ¡Se me muere, se me muere!

Juró que iría a ver a Beruá. Fabricaría un *embó* para matar a los asesinos de su hijo en cuarenta días. Con ayuda de la Virgen Santa de la Caridad del Cobre, agonizarían vomitando espuma, comidos en vida por los gusanos y cubiertos de llagas que se les llenarían de hormigas bravas.

El bohío era un órgano de llantos. Los hermanitos de Menegildo asustaban a todas las bestias del batey con sus sollozos desgarradores. Al secarse, las lágrimas tatuaban la suciedad de sus caras. Un cerdo cojo entró en la casa y se detuvo ante el herido. Pero de pronto, sintiendo que acontecía algo anormal, huyó despavoridamente, corriendo en tres patas. Desde un rincón de la estancia, Palomo contemplaba aquel cuadro de desesperación con sus ojos amarillos. Sólo las gallinas se mostraban indiferentes, aprovechando la oportunidad para meter el pico en los cacharros de la cocina.

Al mediodía llegó el viejo Beruá. Hizo que Menegildo fuese colocado en el lugar más oscuro de la vivienda, lejos de los rayos del sol, que «pasman la sangre». Entonces hubo un gran silencio.

Por tres veces el brujo arrojó al aire el Collar de Ifá, estudiando la posición en que caían sus dieciséis medias semillas de mango... Dieciséis fueron las palmeras nacidas de la simiente de Ifá; dieciséis los frutos que Orungán cosechó en las plantaciones sagradas y que le permitieron conocer el futuro destino de los hombres... Por el número de semillas colocadas con la comba hacia el suelo o hacia las estrellas, se sabe si un enfermo retrocederá en el camino que lo lleva al mundo de fantasmas y de presagios. Menegildo resbalaba lentamente hacia la muerte... Pero el collar de Ifá anunció que se detendría, volviendo a ocupar el puesto que las potencias ocultas tenían en litigio desde el alba... Al saberlo, la familia sintió un grato alivio, y las bendiciones llovieron sobre el sabio curandero. Después se aplicaron telarañas en las mataduras sanguinolentas, y todo el cuerpo del mozo fue untado con manteca de majá. Luego, el enfermo se durmió.

Por la tade comenzaron las visitas. Primero aparecieron las tías de Menegildo, con sus *maríos* y vástagos innumerables —dignas hermanas de Salomé, eran prolíficas como peces. Más tarde hubo un interminable desfile de primos y primas, amigos y conocidos, curiosos y desconocidos. Todos hablaban ruidosamente. Como aquello, en el fondo, no pasaba de ser una diversión, se hicieron bromas pesadas y se construyeron mitos. Mientras circulaban las tazas de café, se dieron consejos médicos debidos al recuerdo de tratamientos por yerbas o conjuros que habían sido útiles en casos semejantes o parecidos... Paula Macho anduvo rondando por los alrededores del batey, pero nadie la invitó a entrar. La *desprestigiá* acabó por desaparecer, intimidada tal vez por las torbas miradas de Salomé... Y al crepúculo, los visitantes abandonaron el bohío con la sensación de haber cumplido un deber.

Ya caída la tarde, un guardia rural vino a informarse de lo sucedido. Usebio declaró que Menegildo se había caído bajo las ruedas de una carreta, sin ofrecer mayores explicaciones... La familia Cué estaba convencida —y en ello no andaba equivocada— que la Justicia y los Tribunales eran un invento de gentes complicadas, que de nada servía, como no fuera para enredar las cosas y embromar siempre al pobre que tiene la razón.

25

Mitología

Envuelto en sacos cubiertos de letras azules, sudando
grasa, Menegildo abrió sus ojos atontados en la obscuridad del bohío. Su cabeza respondía con latigazos de sangre a cada latido del corazón. Jamelgo mal herido.
¡Buen garrote tenía el haitiano...! Los grillos limaban
sus patas entre las pencas del techo. Andresito, Rupelto
y Ambarina respiraban sonoramente. Salomé maldecía
en sueños. Afuera, los campos de caña se estremecían
apenas, alzando sus güines hacia el rocío de luna.
    Sed. Un triángulo en el portal: la rastra del barril. Ba-
rril hirviente de gusarapos. El jarro de hojalata. Jarro,
carro, barro. El barco de la laguna en tiempos de sequía, cuando las biajacas se agarran con la mano. Pero
no; estábamos en plena molienda. La laguna debía estar
llena de agua clarísima. Y fresca. Sin duda alguna. Los
bueyes no ignoraban estas cosas. Abandonando la carreta, sin narigón, sin yugo, sin temor a la aguijada,
Grano de Oro y Piedra Fina marcaban sus pezuñas en la
orilla y hundían sus belfos entre los juncos... La mano

de Menegildo se acercaba al agua. Se hacía enorme, se proyectaba, se crispaba. Y súbitamente, la laguna huía como un ave ante la mano llena de zumbidos.

—¡Ay, San Lázaro!

Sostenido por sus muletas, cubierto de llagas que lamían dos perros roñosos, San Lázaro debía velar en imagen detrás de la puerta de la casa, junto al panecillo destinado a alimentar el Espíritu Santo, y la tacita de aceite en que ardía una «velita de Santa Teresa». ¡San Lázaro, Babayú-Ayé, que cuidas de los dolientes! La plegaria de Babayú-Ayé debía acompañar la aplicación de todo remedio: el vaso movido en cruz, sobre el cráneo, para quitar la insolación; el cinturón de piel de majá, para curar mal de vientre; el tajo en tronco de almácigo, por noche de Año Nuevo, para matar ahogos; el tirón a la piel de las espaldas contra empacho de mango verde. Hasta los caracoles que se arrojan al aire para saber si un enfermo sanará, eran vigilados en su trayectoria mágica por el santo negro, a quien los blancos creían blanco... Además, ¿quién ignoraba, en casa de Menegildo, que con todos los santos pasaba igual? Los ojos del mozo quisieron ver las figuras de yeso pintado que se erguían sobre el altar doméstico de Salomé. Cristo, clavado y sediento, eres Obatalá, dios y diosa en un mismo cuerpo, que todo lo animas, que estiras palio de estrellas y llevas la nube al río, que pones pajuelas de oro en los ojos de las bestias, peines de metal en la garganta del sapo, pañuelos de seda morada en el cuello del hombre. Y tú, Santa Bárbara, Shangó de Guinea, dios del trueno, de la espada y de la corona de almenas, a quien algunos creen mujer. Y tú, Virgen de la Caridad del Cobre, suave Ochum, madre de nadie, esposa de Shangó, a quien Juan Odio, Juan Indio y Juan Esclavo vieron aparecer, llevada por medias lunas, sobre la barca que asaltaban las olas. Dijiste: «Los que crean en mi gran poder estarán libres de toda muerte repentina..., no podrá morderles ningún perro rabioso u otra clase de animal malo..., y aunque una mujer esté sola, no tendrá miedo a nadie, porque nunca verá visiones de ningún muerto ni *cosas malas*» ¡Las *cosas malas*! Menegildo las conocía. Rondaban en torno del hombre, con sus manos frías, voces sin gaznate y miradas sin rostro. Una noche, junto a las ruinas del viejo ingenio, Menegildo había sentido su presencia invisible y poderosa. Contra las persecuciones de los hombres existía la Oración de la Piedra Imán —*Líbrame, Señor, de mis enemigos, como liberaste a Jonás del centro de la ballena*—; pero contra las cosas malas, la lucha se hacía desesperada. Sólo el sabio Beruá, cuya casa era rematada por un cuerno de chivo, era capaz de entendérselas con los fantasmas. Pero poseía los tres bastones de hierro legados por Eshú-el-Agricultor, una piel de gato-tigre, las conchas de jicotea, la Oración a los catorce Santos Auxiliares y, sobre todo, los Jimaguas. ¡Qué no podían esos muñecos negros y pulidos, con sus ojos en cabeza de alfiler, y la cuerda que los mancornaba por el cogote!... Cosas malas y ánimas solas eran de una misma esencia. Y cuando una mujer celosa visitaba al brujo, para asegurarse la fidelidad del amante próximo a partir, Beruá le prescribía el empleo de aguas dotadas de secreto fluido erótico y la recitación de una plegaria feroz que debía decirse, a mediodía y a medianoche, encendiendo una lámpara detrás de la puerta: «Ánima triste y sola, nadie te llama, yo te llamo; nadie te necesita, yo te necesito; nadie te quiere, yo te quiero. Supuesto que no puedes entrar en los cielos, estando en el infierno, montarás al caballo mejor, irás al Monte Oliva, y del árbol cortarás tres ramas y se las pasarás por las entrañas a Fulano de Tal para que no pueda estar tranquilo, y en ninguna parte parar, ni en silla sentarse, ni en mesa comer, ni en cama dormir, y que no haya negra, ni blanca, ni mulata ni china que con él pueda hablar y que corra como perro rabioso detrás de mí...»

—¡Ay, San Lázaro!

Menegildo caía en un oyo negro. Hacía esfuerzos por asirse de algo. Un clavo. Los clavos solían tener corbatas hechas con paja de maíz. Entonces eran como las que usaba Beruá en sus encantaciones. Clavos y piedras del cielo. Y cadenas. Ante su puerta había una de hierro. Pero el brujo había *trabajado* cierta vez una cadena de oro con tal ciencia, que se enroscaba como serpiente cuando su dueño se hallaba cerca de peligro. El Gallego Blanco, bandido de caminos reales, la había poseído. Y fue derribado por el máuser de un guardia rural pocas horas después de perderla, al cruzar un río crecido... El *trabajo* de una cadena mágica se hacía por medio de jícaras llenas de guijarros, rosarios de abalorios, polvos de cantárida y plumas de gallo negro degollado en noche de luna. Como cuando Beruá había sacado tres docenas de alfileres, varios sapos y un gato sin orejas del pecho de Candita la Loca, víctima del mal de ojo.

> *Pobre Candita la loca,*
> *que Lucumí la mató.*
> *Ella me daba la ropa,*
> *ella me daba de tó.*

Para empezar, Candita la Loca no fue matada por Lucumí, sino por un jamaiquino, capitán de partida, a quien llamaban Samuel. Matada indirectamente, es cierto. El negro usaba camisas azules cubiertas de diminutos tragaluces. Hablaba con el «hablao a rayo de los americanos». Y junto a su cama tenía un cuadro piadoso en que podían verse la Virgen y el Niño adorados por los Reyes Magos. La Madre llevaba largo vestido blanco, entallado, y escarpines puntiagudos. Los Magos lucían levitas y chisteras. Y todos los santos personajes eran negros, excepto Baltasar, transformado en blanquísimo seguidor de estrellas... ¡Quién ha visto eso...! Ya se sabe que Cristo, San José, las Vírgenes, San Lázaro, Santa Bárbara y los mismos ángeles son divinidades «de color». Pero son blancas en su representación terrenal, porque así debe ser. Samuel regaló el cuadro a Candita la Loca. Pero Lucumí estaba celoso, y un día de cólera dicen que le echó un *daño*. ¿Hierbas molidas en una taza de café? ¿Cazuela de barro con millo, un real de vino dulce y una pata de gallina...? Lo cierto es que Candita la Loca yacía entre cuatro velas, antes de que Beruá hubiera podido *limpiarla* de maleficios... La difunta —loca había de ser y que en pá dec'canse— había llevado el maldito cuadro a un velorio de santos verdaderos, arrojando la salación sobre el altar y todos los presentes. Ella había sido la primera víctima. ¡Chivo que rompe tambor, con su pellejo paga!

—¡Ay, San Lázaro!

Sed. El sol seguía quemando en plena noche. ¿No arderían los cañaverales cercanos? ¡Yaguas y chispas! ¡Abanicos y lentejuelas! Mil columnas de humo para sostener techumbre de nubes caoba. ¡Mamá! ¡Mamá...!

Andresito roncaba. Ambarina tenía visiones. Rupelto era perseguido por una araña con ojos verdes. Tití gemía ante una mujer que se iba transformando en cabra. Salomé maldecía en sueños. El viejo temblequeaba en silencio, pensando en Juan Mandinga y los mayorales antiguos. Afuera, Palomo aullaba a muerte. ¡Aura tiñosa, ponte en cruz!

—¡Ay, San Lázaro!

26

El negro Antonio

—¡Tú tá peldío, muchacho! ¡Tú tá peldío...!

Durante los días en que Menegildo, convaleciente, se pasaba las horas chupando caña tras caña en el portal del bohío, un mismo lamento era incansablemente repetido por Salomé. El mozo estaba *peldío. Peldío,* porque su inexplicable reserva había defraudado a los suyos. La susceptibilidad materna se matizaba con un remoto despecho de chismosa. ¡Haberlo llevado en la barriga, haberlo criado y no ser capaz de ofrecerles a las comadres todos los detalles del hecho reciente! Por más que Menegildo volviera a la carga con una fantasiosa versión, el cuento no convencía al abuelo, ni a Usebio, ni a Salomé, ni siquiera a Ambarina, que ya se pasaba de lista... ¿Atacado por un desconocido? ¿No le vio la cara porque era de noche? ¿No sospechaba de naiden...? ¡Buena historia para contentar a un inocente! ¡Eso no se lo tragaba ningún *sel rasional...!* Un gran malestar reinaba en el bohío desde el alba de la agresión. Reunida en torno a la mesa, la familia comía rabiosamente. Los niños miraban a los viejos sintiendo que sus más profundos anhelos de ternura eran rotos siempre por el aire distante de Menegildo y por la presencia de aquel secreto abismado en sus pupilas. Sin embargo, por respeto a su estado físico, sólo se le hacía sentir el descontento de cada cual por medio de alusiones obscuras.

Esta situación se prolongó hasta el día en que los Panteras de la Loma, venidos de la ciudad cercana, anotaron los nueve ceros a la novena de base-ball del Central San Lucio. Dos horas después de terminado el juego, un negro pequeño, con cara redonda y astuta, se presentó, en el bohío luciendo los colores del Club vencedor en su gorra de pelotero.

—¡Antonio! —exclamó Salomé.

El ilustre primo, ídolo de Menegildo desde la infancia, se dignaba visitar la pobre vivienda de los Cué. Rumbero, marimbulero, politiquero, era sostén de Comités de barrio, y de los primeros en presentarse cada vez que el régimen democrático necesitaba comprar «¡Vivas!» a peso por cabeza en favor de algún *pescao gordo* que aspiraba a ser electo. Llevado a la ciudad por unos colonos ricos que se habían apegado a su ingenuo cinismo de niño, el negro Antonio no tardó en independizarse, revendiendo el contenido de una lata robada a un tamalero. Con los beneficios obtenidos en esta operación, se consagró al comercio de pulpas de tamarindo, hasta que se vio en la posibilidad de alquilar un sillón de limpiabotas bajo las arcadas que rodeaban el parque central... Ahora estaba en el apogeo de su carrera. Era ñáñigo, reeleccionista, apuntador de la *Charada China*, y tenía una *pieza* que trabajaba para conseguirle los diez y los veinte. ¡Ese sí que se reía de la crisis y del hambre que mataba a los campesinos en el fondo de sus bohíos! ¡Que otros trabajaran por jornales de peseta y media! El espíritu de Rosendo lo protegía, y sabía hacerse imprescindible a cualquier sistema político «que se pusiera pal número». El negro Antonio se decía más versado que nadie en una vasta gama de «asuntos generales».

Hoy estaba henchido de orgullo. *Siol* de los Panteras de la Loma, había dado el batazo de la tarde deslizándose sobre el *home* con gran estilo, después de recorrer el diamante en doce segundos... Traía una botella de *vino durce* para la tía y los parientes que le fueran presentados. Repantigado sobre un taburete, en el centro del portal, desarrollaba un tornasolado monólogo, haciendo desfilar imágenes rutilantes ante los ojos maravillados de los Cué. ¡Cómo combelssaba el negro ese...! Cuando se cansó de provocar una admiración sin reserva, se caló la gorra, declarando que regresaba al caserío para «ver cómo estaba el elemento». ¿Menegildo no querría acompañarlo? El mozo, colmado de honor, se dispuso a seguirlo.

—¡Mira que etás enfelmo, muchacho! —objetó Salomé.

—Ya estoy bueno.

—¡Va a cogel sereno!

—¡Que ya estoy bueno, vieja! —concluyó enérgicamente el mozo.

El negro Antonio y Menegildo se encaminaron hacia la ruta del Central. Después de un momento de silencio, el primo alzó la voz:

—Oye, Menegid'do. Llegué eta mañana y ya conoc'co e cuento mejol que tú nim'mo. Una vieja que le disen Paula Macho y que siempre anda revuelta con lo haitiano, me dijo lo de lo palo, cuando la empregunté pa ónde quedaba la casa e Salomé. Tabas metío con la mujel esa, y su gallo te saló... ¡Cosa e la vía! Pero e un mal negosio pa ti. E haitiano ese se figuraba que te había matao tóo. Ahora sabe que te pusit'te bueno, y cada vé que se mete en trago, dise que te va a sacal toa la gandinga pa fuera.

Menegildo quiso hacer buena figura ante el negro Antonio:

—Ya e desgrasio ese me tiene muy salao. Le voy a enterral e cuchiyo.

—¿Y qué tú va saval con eso? ¡Te llevan pal presidio...! Yo tuve un año, ocho mese y veintiún día, dipués que me denunsió la negrita Amelia por el *ralto* de su hija, y sé que e eso. ¡E rancho, lo brigada y e sielo cuadrao por tóos laos! ¿E presidio? ¡Pal cará...! Lo primero e dejal la mujel esa. Búcate otra pieza por ahí. Disen que el elemento etá pulpa en el pueblo. ¡Debe habel ca negritilla, caballero...! Oye la vo de la ep'periensia: no le ande buc'ando más bronca a lo haitiano.

—No puedo dejal'la —dijo Menegildo—. Estoy metío y ella está metía conmigo... No le como mieo a lo haitiano, ni a lo americano, ni a lo chino, ni a lo de Guantánamo, ni a lo del Cobre...

—Tu hase lo que te sag'ga. A mí me tiene sin cuidao. Pero lo haitiano son mala comía, y si tú quiere seguir enredado con e lemento ese, te va tenel que portal como un macho...

—¡Macho he sío siempre! —sentenció Menegildo.

Ya era de noche cuando ambos llegaron al caserío.

Muros de mampostería capaces de resistir un asedio, horadados en más de un lugar por los plomos de un ataque mambí; horcones azules plantados en piso de chinas pelonas —portal para caballos. El negro Antonio y Menegildo se aventuraron entre dos albardas y ocho patas, echando una mirada al interior de la bodega... Los compañeros del primo estaban ahí, rodeados de amigos y admiradores, celebrando el triunfo de la tarde...

—¡Yey familia! —saludó Antonio.

—¡Enagüeriero!

El héroe fue acogido con anchas sonrisas. Esa noche nadie pensaba en jugar al dominó. Sentados en bancos, sacos y cajones, los presentes asistían pasivamente a la charla espectacular de los peloteros, bajo un cielo de tablas soldadas con telarañas, del que colgaban vainas de machete, dientes de arado, jamones de Swift, guatacas y salchichones de Illinois envueltos en papel plateado. Para festejar la llegada de Antonio se pidieron tragos. Menegildo, que nunca «le entraba» al ron, salvo cuando

tenía catarro, apuró su copa como una purga... Después
de comentarse hasta la saciedad una formidable «sacada
en primera» y la *cubba* del pitcher que logró «ponchar» al
mejor bateador del Central, la conversación derivó hacia
la política. Había quien votara por el Gallo y el Arado.
Otros confiaban en Liborio y la Estrella, o en el Partido
de la Cotorra. La lucha se había entablado entre el Chi-
no-de-los-cuatro-gatos, el Mayoral-que-sonaba-el-cuero,
y el Tiburón-con-sombrero-de-jipi. Una peseta gigantes-
ca, una bañadera cuya agua «salpicaba» plateado, un látigo o un par de timbales, simbolizaban gráficamente a
los futuros primeros magistrados, con lenguaje de jero-
glífico. La mitología electoral alimentaba un mundo de
fábula de Esopo, con bestias que hablaban, peces que obtenían sufragios y aves que robaban urnas de votos...
Antonio filosofaba. Al fin y al cabo, las política era lo
único que le ponía a uno en contacto directo con la
«gente de arriba». Ya daba por sentado que cualquier
candidato electo acababa siempre por *chivar* a sus electores. También admitía que cada año la cosa andaba peor
y la caña se vendía menos. Pero, por otra parte, sostenía
que cualquier *dotol* vestido de dril blanco, y escoltado
por tres *osos* blandiendo garrotes, así fuese liberal o con-
servador, era un elemento de trascendental importancia
para el porvenir de la nación, desde el momento que
soltara generosamente el *manguá* que adquiere sufragios.

Se llenaron las copas. El alcohol ablandaba gratamen-
te las articulaciones de Menegildo. Apoyado en un saco
de maíz, escuchaba anécdotas de fraudes electorales que
evocaban las siluetas de matones especialistas, enviados
con la misión de «ganar colegios de cualquier manera»...
Y en tiempos de reelección, ¿no se había visto a los soldados dando planazos de machete a los votantes adver-
sos? ¿Y el truco que consistía en confiscar los caballos
de todos los campesinos sospechosos de oposicionismo,
para no dejarlos concurrir a las urnas, bajo el pretexto
de la carencia de cierta chapa de impuesto, de la que

sólo se acordaban las autoridades en días de «comi-
sios»?... ¡Habría que orientar la opinión del pueblo so-
berano...!

Menegildo recordaba las fiestas políticas celebradas
en el pueblo. Las guirnaldas de papel, tendidas de casa
en casa. Las pencas de guano adornando los portales.
Cohetes, voladores y disparos al aire. Una tribuna destinada a la oratoria, y una *charanga* de cornetín, contrabajo, güiro y timbal, para glosar discursos con aire de dé-
cima, en que el panegírico del candidato era trazado con
elocuencia tonante por medio de parrafadas chillonas
que organizaban exhibiciones de guayaberas heroicas,
cargas al machete y pabellones tremolados en gloriosos
palmares... El apoteosis de los promesas estilizaba el
campo de Cuba. Los jacos engordaban, los pobres comían, los bueyes tendrían alas, y nadie repararía en el
color de los negros: sería el imperio del angelismo y la
concordia. Una ausencia total de programa era llenada
con fórmulas huecas, reducidas frecuentemente a un
simple lema. *¡A pie!* pretendía sintetizar un espíritu democrático que se oponía ventajosamente, se ignoraba
por qué serie de obscuras razones, al *¡A caballo!* formula-
do por el partido adverso. En espera del momento en
que pudieran comenzar a vender la república al mejor
postor, los oradores desbarraban épicamente. De minuto en minuto, los nombres de Maceo y Martí volvían a
ser prostituidos para escandir las peroraciones de aquellas cataratas grandilocuentes que conquistaban fáciles
aplausos. Los *catedráticos*, pretendiendo movilizar una
oratoria de otro estilo, obtenían bastante menos éxito, a
pesar de exprimirse el intelecto para presentar imágenes
clásicas. ¡Pena perdida! «La espada de Colón y el huevo
de Damocles» no interesaban a nadie. El autor de un in-
fortunado principio de discurso, por el estilo de: «Libe-
rales de color de Aguacate», estaba hundido de antema-
no... Lo que el pueblo necesitaba era alimento ideológi-
co, doctrina concreta. Cosas como:

El Mayoral se va,
se va, se va, se va.
Ahí viene el chino Zayas
con la Liga Nacional.

El más genial de los políticos había sido aquel futuro representante que repartía tarjetas redactadas en dialecto *apapa*, prometiendo rumbas democráticas y libertad de *rompimientos* para ganarse la adhesión de las Potencias ñáñigas. *¡Votad por él...!*

Rodeado de correligionarios, más de un prohombre de menor cuantía solía escuchar su elogio, revólver al cinto, pensando en las posibilidades productoras del *querido pueblo* que lo aclamaba. ¡Había que saber ordeñar la vaca lechera del régimen demagógico...! A veces, con la amenaza de apedrearlo a la salida de la cívica ceremonia si «no lo ayudaba», un vivo lograba extraerle unos cuantos dólares. Pero ¿quién no aceptaba la férula de un elector?... Cierto candidato había tenido la inefable idea de entronizar el espíritu de la conga colonial en sus fiestas de propaganda. De este modo, cuando el mitin era importante y la charanga de la tribuna de enfrente comenzaba a sonar antes de tiempo, el orador tenía la estupefacción de ver a su público transformado en una marejada de rumberos, mientras sus palabras se esfumaban ante una estruendosa ofensiva de: *¡Aé, aé, aé la Chambelona!* Los electores recorrían toda la calle principal en un tiempo de *comparsa arrollada,* y regresaban a escuchar otro discurso, abotonándose las camisas.

Lo cierto es que la sabia administración de tales próceres había traído un buen rosario de quiebras, cataclismos, bancos podridos y negocios malolientes. Roída por el chancro del latifundio, hipotecada en plena adolescencia, la *isla de corcho* se había vuelto una larga azucarera incapaz de flotar. Y los trabajadores y campesinos cubanos, explotados por el ingenio yanqui, vencidos por la importación de braceros a bajo costo, engañados por todo el mundo, traicionados por las autoridades, reventando de miseria, comían —cuando comían— lo que podía cosecharse en los surcos horizontales que fecundaban las paredes de la bodega: sardinas pescadas en Terranova, albaricoques encerrados en latas con nombre de novela romántica, carne de res salada al ritmo del bandoneón porteño, el bacalao de la Madre Patria y un arroz de no se sabía dónde... ¡Hasta la rústica *alegría de coco* y los *caballitos de queque* retrocedían ante la invasión de los ludiones de chicle! ¡La campiña criolla producía ya imágenes de frutas extranjeras, madurando en anuncios de refrescos! ¡El *orange-crush* se hacía instrumento del imperialismo, como el recuerdo de Roosevelt o el avión de Lindbergh...! Sólo los negros, Menegildo, Longina, Salomé y su prole conservaban celosamente un carácter y una tradición antillana. ¡El *bongó,* antídoto de Wall Street! ¡El Espíritu Santo, venerado por los Cué, no admitía salchichas yanquis dentro de sus panecillos votivos...! ¡Nada de *hot-dogs* con los santos de Mayeya!

Sonó la sirena. Nuevas caras, salidas del Central, aparecieron en la bodega. La tertulia se deshizo... Menegildo estaba excitado por sus cinco copas de ron. Tenía ganas, indistintamente, de reír fuerte, de acariciar a su mujer o de reñir con alguien. Un nervioso deseo de acción le hacía mirar las torres trepidantes del Ingenio, con ganas de escalarlas... ¿Y Longina? No sabía de ella desde la noche de la agresión. ¿Y el desgraciao ese...? ¡Si lo hubiera visto aquella noche, habría pasado algo serio! Antonio tendría la prueba de que sabía portarse como un macho... mascullando insultos, Menegildo palpaba la vaina de su cuchillo.

Varios «conocíos» lo acompañaban en la ruta, alejándose del caserío. Poco a poco fueron perdiéndose en los senderos que desembocaban a la arteria polvorienta y

maltrecha. Menegildo quedó solo. Una sorda exaspera-
ción le hizo apretar el paso. Ahora iba dando saltos, sin
sentir cansancio, llevado por los resabios del alcohol.
Estaba furioso, estaba alegre. Recogía guijarros y los tiraba contra los árboles... La luna, verdosa, remataba
una cuesta en la carretera, como alegoría de la salud en
anuncio de reconstituyente. Sobre esa luna había un ha-
bitante: una silueta engrandecida por una jaba... Menegildo sintió una curiosidad apremiable, casi enfermiza,
por ver quién era aquel transeúnte de astros.

Echó a correr, camino arriba, hasta ser nueva sombra
en el disco luminoso... Las palmacanas, húmedas de rocío, habían puesto sordina a su crepitar de aguacero.

El macho

Serían las cinco de la tarde cuando la pareja de la guardia rural arrestó a Menegildo.

No se le acusaba —por casualidad— de hacer propaganda comunista ni de atentar contra la seguridad del estado.

Era sencillamente que el haitiano Napolión había sido hallado en una cuneta de la carretera, casi desangrado, con un muslo abierto por una cuchillada.

III

La ciudad

La bruma demoraba todavía en las hondonadas, cuando Menegildo fue conducido a la pequeña estación del Ingenio por una pareja de guardias rurales. El mozo se dejó caer en un banco de listones, haciendo descansar sus muñecas esposadas sobre las rodillas. El andén estaba desierto. El día se alzaba lentamente. De cuando en cuando, una locomotora, con los focos encendidos aún, se escurría sobre los rieles azules, arrastrando rejas de caña. Tanques rodantes de miel de purga, con grandes iniciales blancas sobre fondo opaco, descansaban en vía muerta, como formidables salchichas de hierro. Un vagón frigorífico, con costillares en acordeón, aguardaba el momento de ser llevado hasta Chicago. Crecían mangas de agua y discos de señales en la luz naciente. Cadenas y ganchos aguardaban presa, dejando gotear el rocío sobre las hierbas mojadas. Una valla anunciadora mostraba un dirigible tirando de un pantalón irrompible. Un retrato de anciana con cuello de encajes, al que los chicos habían pintado bigotes y quevedos, pregonaban las virtudes de un compuesto vegetal destinado a aminorar los padecimientos de la menopausia.

Los semáforos verdes y rojos se apagaron. Los guardianes de Menegildo fumaban silenciosamente, con los máuseres atravesados en los muslos caqui. El mozo parecía sumido en un embrutecimiento absoluto. Interrogado por el Cabo dos días antes, comenzó por negar testarudamente lo de la agresión, para terminar diciendo «que el haitiano ese lo tenía muy salao», aunque sin ofrecer más precisiones sobre lo ocurrido. Luego había devorado una cazuela de rancho, oyendo, por el camino de un tragaluz, los lamentos de su familia, reunida en el portal del cuartel. Ahora no reaccionaba. Se dejaba llevar mansamente, como buey que tiran del narigón... La estación se iba animando. Un empleado somnoliento pasó sus tickets en revista. Comenzó a llegar gente: un matrimonio japonés, horticultores del Central; una jamaiquina embarazada, cubierta por un gran sombrero de pajilla, de hombre, y montada en un par de medias de color canario. De pronto, una carreta atravesó la vía, detrás de la romana, y se detuvo junto al quiosco de la planta. Salomé, Usebio, Luí, los hermanos y hermanas de Menegildo, invadieron el andén con sus pies callosos, sus santos aliados y sus gemidos. Los guardias rurales se apartaron respetuosamente. Salomé se abrazó al mozo, mientras los niños se alineaban en un banco, como para una fotografía, sin saber de fijo por qué los habían traído.

—¡Ay Dió mío! ¡Ay, Dió mío!

Las lágrimas surcaban los rostros obscuros, brotando al ritmo de las mismas quejas, repetidas hasta la saciedad. Los viajeros contemplaban ese cuadro de desolación con toda curiosidad como ganas de enterarse. Paula Macho, jamo al hombro, pasó por la carrilera, saltando sobre los polines como una cabra.

—¡Anda, desgrasiá! ¡Salación! —masculló Salomé al verla aparecer.

Pero Paula no se detuvo, y el mal efecto de su presencia fue borrado por la llegada risueña y protectora del negro Antonio.

—¡No llore, vieja! —declaró—. Yo tengo influencia allá en la ciudá. Lo brigada son amigo mío. Y voy a vel al Consejal Uñita pa que lo mande a soltal enseguía... Totá no le va a pasal ná... Cuando Come-en-cubo le dio una puñalá al Rey-de-Eppaña, el Dotol mimo lo vino a sacal...

—¡Dió te oiga! ¡Y la Vilgen te bendiga...!

Un pequeño ferrocarril, compuesto por dos vagones viejos y una locomotora de chumacera antigua, barrió la estación con sus bigotes de vapor. Los guardias hicieron levantar a Menegildo y lo arrancaron suavemente a los brazos y llantos maternos para hacerlo subir al tren. El convoy echó a rodar, después de un brusco sobresalto que repercutió en el lomo de los escasos viajeros. Atados al andén por las lágrimas de los suyos, Menegildo trató de lanzar una mirada hacia el lamentable grupo de los Cué. Pero el vagón había traspuesto ya el límite de la plataforma, y una silueta harto conocida se erguía ahora junto a la vía, detrás de la cerca de alambres de púas. ¡Longina! Sus ojos se clavaron en los de Menegildo. Con la mano se tocó el pecho y señaló el horizonte. Y la visión fue cortada por una pared de cemento que vino a alzarse brutalmente a un metro de la ventanilla, destruyendo toda posibilidad de aclaración.

30

Viaje

«Huye alacrán, que te pica el gallo... Huye alacrán, que te pica el gallo...» Tal cantaban las viejas ruedas del vagón en el cerebro de Menegildo. Le era imposible deshacerse de ese ritmo, al tanto que la sensación de rodar le producía un placer insospechado. La aventura que estaba viviendo en aquel momento era algo tan al margen de la apacible y primitiva existencia que llevaba desde la niñez, que la inercia se aliaba en él con una suerte de inacabable estupor para hacerle posible la adaptación a un nuevo estado de cosas... «Huye alacrán, que te pica el gallo... Huye alacrán...» Estaba solo. Arrancado de raíz. Solo. Hollaba los umbrales del misterio. Era la primera vez que una acción no le exigía la menor voluntad. Lo llevaban. Tal vez hacia el mundo que al principio de cada zafra paría capataces americanos y hombres con las corbatas tornasoladas. Habría casas de siete pisos, barcos grandes, el mar. En el cielo, globos en forma de tabaco, como el que aparecía en el anuncio del pantalón irrompible. «Anoche te vi bailan-

do, bailando con la puerta abierta.» Pero puerta abierta
no se conocía en la cárcel. ¡Debían repartir más tranca-
zos! Aunque el negro Antonio había estado y afirmaba
que era un lugar destinado a los «machos de verdad»,
donde la *bolita* y la *charada china* no conocían censura.
¡Pero no era lo mismo un *ralto* que una tentativa de *omi-
sidio!* ¿Y quién lo había mandado a «jalar por el cuchillo»
con el haitiano ese? ¡Seguro que sin las copas...! Y ahora
Longina se iba quedando en los antípodas del mundo.
¡Lejos! ¡Lejos! ¡Todo había acabado! ¡Longina! ¡Qué du-
ros son los bancos! «Huye alacrán, que te pica el gallo.
Huye...»

El tren desdeñó la presencia de dos o tres estacionci-
llas y paraderos desiertos. Al fin se llegó a un entron-
que, situado en pleno campo, cuya plataforma de cemento estaba sucia de ramas y semillas. Varias cabras
rumiaban a la sombra de un quiosco rosado, lleno de
palancas y hongos de porcelana. Los soldados hicieron
descender a Menegildo. Después de larga espera, bajo
un sol que iba caldeando el cemento del piso y las tablas
en que descansaban las asentadoras, un ferrocarril ma-
jestuoso asomó en la curva más próxima, arrastrando
largos vagones amarillos, guarnecidos de inscripciones
en inglés. ¡Nunca vagones tan hermosos se habían pre-
sentado ante las miradas de Menegildo! El preso subió a
un carro de tercera, y sobre un ritmo más rápido que
antes volvieron a colocarse las sílabas rumberas. «Huye
alacrán, que te pica, que te pica, que te pica el gallo...»

Ahora el ferrocarril horadaba el denso bochorno del
mediodía, arremolinando un aire tibio y tembloroso. El
transparente incendio del sol se cernía sobre los campos. El abatimiento de Menegildo comenzaba a disipar-
se; lo repentino de esta entrada en una vida nueva iba
inquietando en él los anhelos de placer que reclaman de-
rechos en todo cambio de existencia. Bajo forma de curiosidad se revelaba su voluntad inconsciente de extraer
ventajas de aquella aventura... El paisaje que se desarro-

llaba ante sus ojos era idéntico al que rodeaba el Central
San Lucio. Había oleaje de cañas hasta el horizonte, palmas reales, bohíos de tabla o de yaguas en corros de árboles. Y más palmas y más cañas. Al fondo, las mismas
colinas rocosas, azules, remotas. Pero bastaba la revelación del distinto recorrido de una cañada o el descubrimiento de una ceiba en lugar inesperado, para que todo
aquello cobrara una prodigiosa novedad en las retinas
de Menegildo. Viendo pasar una carreta guiada por un
desconocido, exclamaba de pronto:

—¡Qué yunta más buena!

En medio de la resplandeciente extensión verde, se
dibujaba la fresca mancha de una laguna. Un guariao
abanicaba la superficie con sus alas pardas.

—¡Caballero! ¡Cómo debe habel biajacas ahí!

Una masa de caña era interrumpida bruscamente por
el frente de avance de un corte. Negros con anchos
sombreros blandían sus mochas pringosas de almíbar;
un tajo en la base, otro para tumbar el cogollo y el tronco era lanzado al montón más próximo... Uno, dos,
tres... Uno, dos, tres...

—¡En tos laos e lo mismo! —observó Menegildo con
la sorpresa de quien descubre un Rotary Club en Tana-
narivo.

Pero una muchedumbre de casitas blancas y azules,
de techo de guano y tela alquitranada, rodeó al ferrocarril como un enjambre. Suspiraron los Westinghouse.
La campana de la locomotora abanicó el humo. Y los
frenos mordieron las ruedas en una vasta estación reple-
ta de gente. Voceaban vendedores de tortas, de frutas,
de periódicos. Bajo el ala de sus pamelas azules, las
alumnas de un Conservatorio aguardaban a un profesor
de la capital, luciendo una cinta de terciopelo atravesada
en el pecho con las palabras «¡Viva la música!» grabadas
en letras plateadas. Galleros con sus malayos rasurados
en la mano. Mendigos y desocupados con un rezago en
el colmillo. Colonos vestidos de dril blanco y guajiros

esqueléticos despidiendo a una prima cargada de niños. En el centro del bullicio, varios descamisados daban vivas a un político con cara de besugo que abandonaba aparatosamente un vagón de primera, calándose la funda del revólver en una nalga.

Menegildo surcó el gentío, escoltado por sus guardianes. Dejó a sus espaldas una hilera de Fords destartalados y se vio en una calle guarnecida de comercios múltiples. El Café de Versailles, con sus pirámides de cocos y su vidriera llena de moscas. El Louvre, cuyo portal era feudo de limpiabotas. La ferretería de los Tres Hermanos —que había embadurnado sus columnas con los colores de la bandera cubana. Y luego el desfile de ornamentaciones rupestres: los Reyes Magos del almacén de ropas; el gallo de la tienda mixta: la tijera de latón de la barbería. Brazo y Cerebro. La funeraria La Simpatía, con un rótulo que ostentaba un ángel casi obsceno envuelto en gasas transparentes. En un puesto de esquina tres chinos se abanicaban entre mameyes rojos y racimos de plátanos... Menegildo estaba maravillado por la cantidad de blancos elegantes, de automóviles, de caballitos con la cola trenzada que desfilaban por las calles de esa ciudad que se le antojaba enorme.

—¡Mira, mamá! ¡Ahí llevan a un negro preso!

Otras voces repitieron como un eco, en distinto diapasón:

—Un negro preso, un negro preso.

Menegildo se mordió los labios. ¡Era cierto! ¡Negro y preso! Y sin volver la cabeza hacia el batallón de niños descalzos que se iba formando detrás de él, apretó rabiosamente el paso, fijando la mirada en el suelo. Su perfil era efigie de la testarudez.

31

Rejas (a)

La cárcel de la ciudad estaba instalada en una chata fortaleza española, coronada por torres y atalayas. Construida con bloques de roca marítima, sus paredones leprosos encerraban miríadas de caracoles petrificados. Un puente levadizo tendido sobre un foso inútil conducía a un ancho vestíbulo adornado con retratos de alcaides coloniales. El óleo había plasmado sus ojos bizcos, sus avariosis, sus pechos constelados de toisones, rosarios y medallas, así como sus escudos seccionados por campos y gules. Codicia, privilegios reales, escapularios. Tanto Monta y mal de Nápoles. Ahora, al pie de estos varones ilustres dormitaban brigadas vestidos de añil claro, con las pantorrillas envainadas en ridículas polainas negras.

Toda noción de redondez debe abandonarse cuando suena el cerrojo de una prisión. El firmamento circular del marino, ya mordido por los dientes de la ciudad, se va desmenuzando en parcelas de luz dentro del edificio penitenciario, proyectándose en rectángulos cada vez más estrechos. Resctángulo mayor del patio, en que el sol da lecciones de Geometría descriptiva antes y después del mediodía; rectángulo del patio, visto por las ventanas rectangulares. Ventanas divididas en casillas cuadradas por los barrotes de las rejas. Baldosas, peldaños, molduras sin curva, corredores rectos, paralelas. Estereotomía. Tablero de ajedrez en gris unido. Mundo de planos, cortes y aristas, capaz de dar extraordinario relieve al quepis oval de los brigadas, al ojo de una cerradura, al disco de una ducha. Súbitamente, el vasto cielo se ha vuelto una mera figura de teorema, surcada a veces por el rápido vuelo de un pájaro ya distante. Cielo con una muralla en cada punto cardinal; cielo distinto al que se cierne sobre tierras en que senos, ruedas, brújulas y tiovivos se hacen atributos de la libertad.

Después de que Menegildo hubo trazado una cruz en el denso registro de entradas, se le sometió al examen antropométrico. Cada cicatriz, cada matadura de su cuerpo fue localizada sin demora. Su retrato, en pies y pulgadas, capacidad craneana y enumeración de muelas cariadas, quedó trazado con pasmosa exactitud. Improntas, fotografías de frente y de perfil. Nunca el mozo pudo sospecharse que el encarcelamiento de un delincuente exigiera la movilización de tan complicado ritual. A pesar de su desconcierto, comenzaba a admirarse de la importancia concedida a su persona. ¿Quién hasta ahora —excepto Longina— le había consagrado nunca un momento de atención? No había pasado en toda su vida de ser un negro más en el caserío, un carretero más de los que hacían cola junto a la romana en tiempos de molienda. Ahora se le palpaba, se le pesaba, se le retrataba. Los cañones de Ramón Carreras tiraban salvas en su honor. Su delito lo hacía merecedor de aquella solicitud que la sociedad sólo sabe prodigar generalmente en favor de los creadores, los ricos, los profetas y los bandidos. A veces bastaba una puñalada certera para que un hombre surgiera de la masa anónima de los que sólo existen en función de sus votos, sus obediencias o sus futuros ataúdes, para destacarse con el relieve de individuo capaz de dar cuerpo a una decisión digna de litigio. Aun así, las leyes, tolerando difícilmente que un ser humano se tomara iniciativas contrarias a un estado de beatífico y alabado aplastamiento, ponían en tela de juicio la cuestión de responsabilidad. Monstruoso y bello como una orquídea javanesa, el delincuente debía manipularse con guantes de caucho, para tratar de no volver demasiado en su cabeza las bolas de esa lotería obscura que colocaba a sus semejantes ante un gesto de peligrosa afirmación.

Recordando el retrato ampliado al creyón que adornaba el bohío de Tranquilino Moya, Menegildo preguntó cándidamente si al salir de la prisión le darían aquellas fotos. Una orden breve lo dejó sin respuesta.

—¡A la galera 17!

Un brigada lo empujó hacia un vestíbulo enrejado. Pero pronto lo hizo detenerse para dejar el paso a tres magistrados panzudos que culminaban lentamente el recorrido de la cárcel. Cada semana venían a exhibir sus togas, quevedos y verrugas ante los presos para recordarles que representaban a una señora de senos potentes que acumulaba polvo y telaraña en los platillos de sus balanzas de mármol, mientras su prole uniformada ganaba medallas y galones disolviendo manifestaciones proletarias a matracazos.

Nuevas rejas. El brigada entregó a Menegildo a la autoridad de Güititío, presidente de la galera 17, mulatón hercúleo que cumplía larga condena por «sacarle a uno el pescao por la barriga».

—Uno nuevo...

—¡Tá vien! Tiene un sitio allá en e fondo.

El brigada sacaba ya la llave del cerrojo, cuando el «presidente» se volvió hacia él:

—¡Ah! Se me olvidaba. Salió el 13 en la *Charada*.

El guardián exclamó con desconsuelo:

—¡Pavo real! ¡Y yo que jugué *Caballo*!

—¡Hay que accotumbralse a la cársel, que la cársel se jizo pa los hombres! —afirmaba Güititío, mientras el «Sevillano», rascando una guitarra imaginaria, clamaba:

> ¡Mi madre murió en el hopitaaaaaa;
> Mi padre fue ajusticiaooooooo;
> Mi hermana é una rameraaaaaa,
> Y yo toy encarselaoooooooo!

Pero la cuadrilla entraba ya en la plaza de toros:

> Yo soy el mejol toreeeeero
> Que vino Deanda-Luciííía.

En su palco de honor adosado a una reja, bajo un baldaquín de periódicos charaderos, el «Rey de España» presidía la corrida. Sentados en círculo sobre las baldosas del patio, los presos aguardaban que el estafador de perfil borbónico diese la señal convenida para soltar el primer toro. El negro Matanzas estaba ya preparado. Con la cabeza encogullada por un cartucho de papel de estraza, en el que habían plantado dos pitones de leña, se precipitó en el ruedo con un mugido hondo. El chino Hoang-Wo oficiaba de banderillero, y el chulo Radamés de matador... Entre el primero y el segundo toro hubo una pausa. Por concesión, los brigadas habían dejado salir ese día al presidente de la galera de los «hombres-afroditas», que respondía al apodo de «La Reina de Italia». Con remilgos y evasivas, el viejo mulato de ojos de cabra aceptó un puesto a la derecha del «Rey de España», y la corrida prosiguió sin tropiezos hasta que uno de los bichos soltó una trompada a un diestro.

Después, como no eran más que las siete y el brigada no había traído aún los resultados de la «charada», algunos presos jugaron a «La tabla de maíz picado», o a «Antón Perulero», mientras otros recorrían el patio en comparsa arrollada, cantando con ritmo de ferrocarril:

> *A la con-tin-sén,*
> *Y a la que con-tin-sén,*
> *Y a la con-tin-sén,*
> *Y a la que con-tin-sén...*

Durante sus primeros días de encarcelamiento, Menegildo se había divertido enormemente con el espectáculo de aquellos juegos, habituales en los seis a ocho del recreo cotidiano. Pero ahora se iba cansando de ellos, tal vez a causa de la timidez que le impedía tomar parte eficiente en el holgorio. Prefería permanecer en un ángulo del patio, oyendo la charla de los cinco ñáñigos —miembros del Sexteto Boloña—, condenados por «bronca tumultuaria». Además, para figurar en el programa de diversiones, era necesario pertenecer a la categoría superior de hombres cuyos delitos excedieran de un botellazo, una cartera robada o una «herida menos grave». Los novatos, que apenas se iniciaban en la dialéctica de jaulas y cerrojos, eran considerados con profundo desprecio por los temporadistas impenitentes de la prisión, chulos viejos, parricidas, condenados de verdad, virtuosos de la puñalada, que gozaban de verdadero prestigio entre sus discípulos y guardianes. Primeros en la barbería, primeros en conocer el *verso* de la Charada, eran los primeros también en saber cuándo un pomo de ron andaba oculto por los caños de la ducha. Las requisas les tenían sin cuidado, ya que se las arreglaban para recibir contrabandos bajo las formas más ingeniosas. Pañuelos de seda, planchados después de un baño de heroína, y que sólo soltaban el zumo amargo en agua hirviente. Camisas caqui, teñidas con *dross* diluido, que permitían recuperar el licor de opio por el mismo procedimiento. Pero el desdén de estos fuertes por los delincuentes menudos era mayor aún en lo que se refería a los presos políticos. Los pretendidos comunistas que iban invadiendo la cárcel, de día en día, inspiraban el más franco desprecio. Eran «verracos» de la peor categoría. Aislados, dejados de lado, con sus manos limpias, sus cuellos, sus eternas imprecaciones contra el Gobierno del abyecto Machete, se les había asignado un lugar de reunión junto a la galera de los invertidos cuya reja, siempre cerrada por temor a complicaciones, era vigilada por un guardián especial. De este modo, La Santiaguera, Sexo Loco, Malvaloca, La Desquiciada, La Madrileña, tendrían a quien dirigir sus guiños con rimmel, cuando un *baile*, tolerado por el alcaide, no los retenía en el interior de aquella sala común, que olía a burdel y a polvos de arroz... Estos últimos presos eran, sin duda, los más afortunados, ya que las condenas «por ofensas a la moral» no solían prolongarse más allá de un mes. Con los «comunistas» la cosa cambiaba. Muchos desconocían la *Internacional* e ignoraban hasta el significado del término «materialismo histórico», pero como los expertos habían declarado que pretendían imponer el régimen soviético, padecían los rigores de una cárcellotería preventiva, que podía traducirse, sin vaticinio posible, en cuestión de horas, de días, de meses o de olvido completo. Conque las autoridades hubiesen hallado en sus casas, después de un registro, algún volumen de cubierta roja —aunque se tratara del Kempis o *Gamiani*—, la situación se les complicaba. Pero poseer *El Capital* editado bajo la portada blanca, no contribuía a agravar la reciente causa por sedición que un juez buen mozo, de cabellera plateada, ávido de popularidad, conducía con impúdico estrépito.

Las palabras de sus compañeros revelaban a Menegildo los hábitos y misterios de la ciudad. Ya le importaba saber si «me arrastro y soy soldado» era lombriz; «pelotero que no ve la bola» era anguila, o «gato que camina por los tejados sin romper las tejas» correspondía a la lengua del elefante, según decían. Guiado por esas definiciones sibilinas, imaginadas por los banqueros chinos para atraer al jugador, había arriesgado ya sus primeras monedas, a fijo o corrido, sobre las figuras del *cooli* charadero, o las de su compañera, la Manila de Matanzas. Gato en boca, marinero en oreja, cachimba en mano, el brujo amarillo y mostachudo había seducido también a Menegildo, con su cabeza hecha hipódromo de caballos, su gallo erguido sobre el esternón, su buque navegando a flor de vientre, su mono bebedor, su camarón colgado de la bragueta, y, por corazón, una ramera de gola y talle avispado. Si caracol era «guajiro que no iba al mercado», pavo real «no alumbraba siendo faro». Detrás de los hombres del mago-tablero-rifero, arlequín de bichos y cuadrillas, asomaban una monja cristiana y un venado como los títeres de un bululú. Además, los inventores de la Charada sólo habían necesitado 36 figuras para resumir las actividades y los anhelos esenciales del hombre. Y Radamés, que ahora jugaba a «Antón Perulero» con los machos de verdad, estaba simbólicamente representado en ese desfile de símbolos freudianos, luciendo una florida cola de pavo real.

La historia de Radamés, que ya Menegildo se sabía de memoria, era de las que se situaban en las fronteras de la mitología. ¡Cosas así no había pasado ni en el Castillo de Campana-Salomón!... 1910. Un Tiburón ocupaba la silla presidencial. Junto al mar Caribe había una calle a la que el santo aguador había prestado su nombre. Calle con cien casas. En cada casa diez mujeres. En cada pierna una media. En cada media un cetén. Bolas de celuloide danzaban en los surtidores del tiro al blanco; los «misterios del convento» eran revelados en un teatro cuyos primeros asientos estaban ocupados siempre por fondistas chinos. Y caída la tarde, los colores de la marinería convivían con el dril blanco de los elegantes tropicales. Desfilaban tatuajes y dientes de oro, quemahocicos de barro y brevas de Vueltabajo. Las aceras angostas estaban guarnecidas de una doble hilera de bocas y de ligas, tan rojas las unas como las otras. Por una efigie de rey o un retrato de Washington, todo hombre podía disfrutar de un amor completo, con grabados de revistas francesas en las paredes, una rociada de alcohol profiláctico, y la inevitable canción, casta y sentimental, mientras se anudara la corbata. Había criollas, ufanas de acoger ciertas proporciones con insultos sonoros; pardas, de las que cubren a San Lázaro con una enagua para que no se entere; francesas, hábiles como ningunas en el arte de economizar el minuto; polacas, de las que reúnen dinero para comprarle una botica al novio químico, allá en Varsovia, haciéndole creer que las damas de compañía se enriquecen en América. Desde la mujer perfumada con extractos de lujo o esencias violentas, hasta la que se dejó tatuar inscripciones conmemorativas en los muslos... Todas estas lectoras de Pierre Loti vivían bajo dominación de unos cuantos varones fuertes, Radamés y el chino Hoang-Wo presidían el trust de los nacionales, en pugna sangrienta con los franceses, que hacían gotear azucarillos en sus ajenjos siempre renovados. La frontera estaba trazada. A cien metros del

Café de la Sirena se encontraba el trópico de la muerte, tan invisible y preciso como el de Capricornio. Quien se aventurara más allá, quedaría encogido en un bache como un caracol en su concha... Mario el Grande, Radamés y Hoang-Wo vivían en una casa cuadrangular, en cuyo patio se incendiaba, cada mañana, una planta de flores encarnadas. «¡Condenado sea quien viva solo!» —dijo el Profeta. Pero Mario el Grande, Radamés y Hoang-Wo no contrariaban la palabra venerada. Cada uno tenía cinco esposas fidelísimas, sin hablar de «Postalita», la lesbiana maliciosa y eficiente que tenía el secreto de traer nuevas adeptas al hogar colectivo. Cuando los muñecos de organillo dejaban de martillear en sus campanitas doradas, después de la proyección final de *los misteros del convento;* cuando los pianos-orquestas acababan de digerir estrepitosamente sus últimos níqueles, las mujeres volvían a la casa y, sentadas en torno a la mesa familiar, procedían a rendir cuentas. La que menos hubiera ganado en el día se levantaba mansamente y se dirigía al patio, después de despojarse de sus tacones Luis XV y de todo lo rompible que adornara su persona. Mario descolgaba un bambú. Y durante algunos minutos la letra entraba con sangre, y cada semilla de admonición hacía florecer un ancho morado. Estas siembras permitían cosechar trajes de dril 100, leontinas de oro, alfileres de corbata con perlas y herraduras platinadas, y otros adornos de buen ver...

Todo anduvo bien hasta el día en que Mario el Grande fue abatido a balazos por un marsellés que se aventuró en terreno prohibido. Esto abrió una era de vendetas, de luchas de clan, que aterrorizó a la misma policía. El capitán del barrio llegó a pedir garantías y dos pelotones de refuerzo. Las mujeres miraban a sus clientes con desconfianza, preguntándose si no calentaban un espía en el seno. Al fin, el peor adversario de los cubanos, monsieur Absalón, apareció una noche en el Café de la Sirena tratando de sujetar unos intestinos que se le iban a borbotones. Su entierro tuvo lugar en la tarde siguiente. Entierro de primera, con caballos emplumados, féretro de gala, lágrimas plateadas y dos zacatecas asturianos con las piernas enfundadas en calzones de franela adherente, adornados por un sol de amoníaco en el muslo izquierdo. Detrás de las coronas se iniciaba un interminable desfile de coches, llevando personajes con la cara marcada o un ojo de menos. Las plañideras venían después, con las caderas enormes, el pelo corto, los ojos llorosos de aguardiente y desesperación, todas enlutadas en tornasol, con atavíos teñidos de prisa, que no excluían calzado de hebillas cupleteras, adornos de mostacilla, lentejuelas y brillantes de vidrio tallado, bajo el ala de sombreros habitados por cuanta golondrina o ave del Paraíso habían podido atraparse en los saldos de *La Metafísica*. Como Absalón era católico-apostólico-romano, un cura y dos sochantres inclinaban las tonsuras detrás de la chistera roñosa de un cochero... El cortejo había recorrido ya la avenida paralela al mar, cuando, al apuntar hacia el pórtico monumental del cementerio, los caballos del féretro doblaron los corvejones, cayendo sobre los costillares con gran desorden de bridas y penachos. Los compañeros de Mario el Grande, dirigidos por Radamés y Hoang-Wo, habían abierto recio tiroteo sobre el carro mortuorio, desde el portal de un cafetín destinado a los empleados de pompas fúnebres. Las mujeres corrieron a refugiarse en las furnias cercanas, mientras los nacionales y los franceses cargaban con pistolas y cuchillos. Al fin, las fuerzas de la política entraron en acción, soltando una descarga de máuser a cada tres pasos... Y desde entonces, Radamés y su chino fiel vivían entre rejas, esperando que una amnistía les devolviera un puesto a la luz del sol.

*A la con-tin-sén
Y a la que con-tin-sén...*

—¡Ese Rademé era un macho! —pensaba Menegildo.
La campana dio las ocho. Los presos rompieron sus
grupos y regresaron a sus respectivas galeras, cuyas luces quedarían encendidas toda la noche para evitar unas
violaciones que siempre tenían lugar, además, a pesar de
las bombillas de cincuenta bujías y de todas las medidas
dictadas por la moral del reglamento.

33

Rejas (c)

Cuando, aquel sábado, el negro Antonio vino a la prisión para ver a Menegildo y traerle dos cajetillas de cigarros y una lata de arroz con jaiba, quedó maravillado de la transformación que se había operado en el carácter del primo. Unas pocas semanas de obligada promiscuidad con hombres de otras costumbres y otros hábitos, habían raspado la costra de barro original que acorazaba al campesino contra una serie de tentaciones y desplantes. Después de haber maldecido mil veces el instante en que apuñaló aquel haitiano de rayos, sentía la necesidad, ahora, de blasonar de su valentía. Eran veinte cuchilladas las que le había dado, y si el otro seguía viviendo era porque le tuvo lástima. Con los dineros ganados en la charada acababa de comprarse una resplandeciente camisa de cuadros azules y anaranjados. Hablaba reciamente y gesticulaba con arrogancia. Antonio, hallándose frente a un hombre digno de estimación, sentenció:

—¡Cuándo sagga, te va a tenel que metel a ñáñigo! ¡Naiden podrá salarte má!

—Ya ta pensao —respondió Menegildo—. Ñangaíto,
el del Sexteto Boloña, tiene una *libreta* del Juego, y me
está enseñando *lengua*. ¡Con loj Abonecue no hay quien
puea! ¡Etá uno protegío pa toa la vía!

—¡Yo voy a sel tu ecobio! —exclamó Antonio, bajando—. ¡Tú va a sel de la Potencia del Enellegüellé! Te
tiene que conseguil cuatro peso y un gallo negro. ¡Ya
verá que con lo hermano nunca te faltará ná!

Y le repitió la historia de aquellas secretas asociaciones de masonería negra, remozadas en tiempos de bozales para proteger a los esclavos de la fosa común. En su
relato vivieron los antecesores de los jefes de hoy, Obones de oro, que construyeron el primer tambor sagrado
con la madera de tres árboles. El río cuyos manantiales
están en el cielo, asistió a la iniciación de los «amanisones» fundadores... Hoy, en la ciudad que rodeaba a la
prisión, existían juegos enemigos hereditarios: el Efó-
Abacara y el Enellegüellé. Igualmente protegidos por el
alcalde, que hallaba electores en sus filas, habían afirma-
do su prestigio con hechos de guerra. Los socios de ambos eran muy machos; no había pederasta entre ellos, y
sabían buscarse aventuras por ahí, sin «dormirse» a las
queridas o mujeres de los hermanos...

De pronto Menegildo pareció salir de un sueño:

—¡Está muy bueno! Pero... ¿cuándo voy a salil de
aquí?

—¡Ni te ocupe! —exclamó Antonio—. Tu negocio
etá fenómeno. ¡Ya tá arreglao! ¡E Consejal Uñita, que e
ñáñigo, me dijo que cuando meno te lo eppere vas a
vel e sielo redondo!

—¡No hay do negro iguale! Yo atracándome en la colonia, con lo bueye y la carreta, cuando había un elemento como tú en la familia...

—¡La influensia! ¡Na má que la influensia! ¡Con el ep-
piritismo, la política y e ñañiguismo, va uno pa'rriba
como volador de a peso!

Una campana vació el locutorio. Menegildo regresó a

la galera. A pesar de las noticias halagüeñas del negro Antonio, una tristeza invencible se apoderaba de su espíritu. Tristeza hostigada por el estado de irritación sexual en que se hallaba. ¿Y Longina? La última imagen de ella que quedó grabada en sus retinas le obsesionaba continuamente, y tanto más ahora que, por un inexplicable fenómeno, iba perdiendo precisión y contorno. ¿Cómo era, en realidad, la cara de Longina? Desgastada por el esfuerzo de las evocaciones, no era más que una forma obscura, sin nariz y sin boca. Pero lo que quedaba firme era el recuerdo físico de sus contactos, el calor de su piel, la suavidad de sus pliegues íntimos, el olor de sus senos. Además, este recuerdo era alimentado continuamente por el estado de celo en que vivían los presos. Conversaciones inacabables y siempre iguales sobre las mejores maneras de hacer el amor. Relatos de conquistas, más o menos deformados por imaginaciones caldeadas a fuerza de continencia. Y aquella fotografía de la «novia» desnuda, carnosa y obscena, del presidente de la Galera, que este último alquilaba en cuarenta centavos por sesión limitada. ¡En un solo día aquel retrato, viajando por la galera de los chinos, había traído cinco dólares de beneficio neto a su dueño...! Una noche, después de dado el toque de silencio, un preso de la galera se levantó sigilosamente de su *caballo* de tubos y caños enmohecidos para atisbar, entre los barrotes de una claraboya, la fachada del hotel cuyas ventanas se abrían en los altos de la fonda.

La Pescadora. Un verdadero alarido salió de su garganta:

—¡Qué desprestigio, caballero!

Los presos se levantaron tumultuosamente, yendo a enmarcar los rostros entre las rejas para contemplar el interior de una habitación iluminada. Separada de ellos por unos cuantos metros de aire caliente a asfalto, una mujer rubia, americana sin duda, se iba despojando lentamente de su ajustado · de encajes. Sus manos, yendo a

reunirse entre los omóplatos, daban a sus brazos arabesco de alas. Luego, con gesto de quien pretendiera deshacerse de sus caderas, la mujer comenzó a evadirse de
una ancha faja, que dos dedos tiraban hacia el suelo. Cerró el armario, y el espejo, colocado en un ángulo nuevo, reveló la presencia de un hombre acostado, que leía
un periódico. La rubia, desnuda, se instaló a su lado,
con brusco sobresalto del bastidor. Cincuenta miradas
ansiosas convergían hacia el muslo que un pulgar rascaba levemente. Un seno rozó varias veces el codo del
hombre sin que éste abandonara la hoja impresa. ¿Conferencia del desarme? ¿Cooperativismo? Los dedos de la
mujer esbozaron mimos que no dieron el menor resultado. Se volvieron entonces hacia un pomo de caramelos
que descansaba en la mesita de noche. En coro los presos aullaron:

—¡Aprovecha...! ¡Verraco...! ¡Qué esperas...!

La obscuridad se hizo en la habitación. Los brigadas
irrumpieron en la galera. Cada cual regresó a su «caballo», soltando palabrotas y risotadas gruesas. Menegildo
hundió el rostro en la almohada para prolongar la visión interior de aquella carne de hembra rubia —primera desnudez rosada que contempló en su vida.
¿Qué prestigio quedaban a las cartas de amor enviadas a
muchos detenidos por los «hombre-afroditas» de la galera 7; a la fotografía de la novia de Güititío; a las «muchachas» —encarcelados demasiado hermosos, que los
compañeros se encargaban de prostituir a la fuerza, con
la complicidad de los brigadas—; a la *caja de cigarros moscatel* y otros aparatos eróticos, ante aquel cuadro viviente que cincuenta hombres exasperados habían visto
aquella noche? ¡Ah, Longina, Longina!

A la mañana siguiente, después de la limpieza de los
patios, Menegildo fue llamado al locutorio, a pesar de
que no era día de visitas. Bajó las anchas escaleras de
peldaños ulcerados, preguntándose quién vendría a verlo. Un rostro obscuro se dibujó detrás de las rejillas.

—¡Longina!

—¡Aquí toy! ¡Mi santo! ¡Mi marío!

—¿Y cómo puditte venil?

—¡Le llevé dié peso a Napolión cuando dolmía! Y arruché con la misma con los dos gallo malayo que etaba preparando pa la pelea del domingo. Me quiso vendel en dos monea a un amigo de la partida...

Longina alzó una jaba, en que cuatro patas de ave buscaban un imposible equilibrio.

—¡Valen una pila de peso! Pa venderlo cuando tú sagga.

—Negra... ¡tú ere e diablo! ¿Y la familia por ayá?

—A Ambarina dicen que le dio un aire y se pasmó, pero que ya tá buena. Salomé hizo limpial la casa con agua de tabaco, a ver si se quitaba la salasión y Dió te amparaba. Tu padre tuvo que vendel una yunta en veinte peso, porque la cosa está muy mala... Aquí te traigo uno tabaco y la et'tampa de la Vilgen...

—¡Grasia!

—¡Ah...! Y dise Antonio que supe dónde vivía y lo vi horita, que la semana que viene tú etará en la calle...

—¡Dió te oiga!

—¡Menegildo'do santo! Yo que me quería moril, pensando que tú me había ov'vidao...

—Si no tuviera la reja, tú vería lo que iba a pasal aquí mim'mo...

—Ya faltan poco días. Antonio me va a lleval a un solar donde hay cuatro a do peso con colombina y batea. Yo sé laval y planchal y coso ag'guna vesse. Voy a buc'cal trabajo.

—¡Negra, tú ere fenómeno!

34

Cielo redondo

Gracias a la intervención del concejal Uñita y a la defensa perfectamente ininteligible de un abogado con lengua de estopa, postulado para las elecciones y traído por el negro Antonio, Menegildo, agobiado por todas las tareas de una herencia cargada, contaminado por el medio, víctima de «malos ejemplos», salió «arsuelto». Además, nadie pudo dar con Napolión, que emigró a un ingenio vecino, junto con su partida de negros desarrapados, sin dejar huellas... Después de un almuerzo abundante en la fonda de chinos, con cebolla y café gratuitos, el mozo comenzó a recorrer la ciudad con Longina y el primo. Ciudad cuya vida gravitaba en torno al ombligo social representado por el parque central —parque de categoría glorieta, huérfano, por tradición, de árboles o flores. Allí, en horas de retreta, los habitantes paseaban en círculo, interminablemente, para oír el cornetín solista, «toro» en el arte de perfilar un aria de la *Traviata* o un final de danzón arrumbado. Los adinerados aprovechaban la ocasión para elevar sus automóvi-

les a la categoría de caballos de tiovivo y estarse dando
vueltas, durante horas, por los cuatro trozos de calle
que orlaban la acera del parque. Bajo portales de arcos
coloniales, los socios del Ateneo lucían sus calcetines de
seda, mientras los bebedores se reclinaban en las barras
del café de París o del hotel Yauco. A las once, cuando
los músicos habían enfundado sus instrumentos y se vaciaban los cines, el parque era desertado con increíble
rapidez. Entonces, los de la tertulia habitual arrimaban
sillas al pie de la estatua de Plácido y se enfrascaban en
conversaciones sin nervio, propias de quien no tiene
nada que decirse, hasta las tres de la madrugada, hora en
que los cinco verdaderos noctámbulos de la población
iban a instalarse en el quiosco del Trianón, abierto toda
la noche, en espera del alba.

A las dos de la tarde, aquel parque no pasaba de ser
un desierto de cemento invadido por una reverberación
de incendio —desierto que hasta los perros esquivaban
por temor a quemarse las patas. Antonio condujo a Menegildo y Longina hacia la calle comercial, donde los
dependientes dormitaban detrás de sus mostradores, entre percalinas y organdíes, en espera de clientes. Los
confites se derretían en sus pomos; las camisas se desco-
lorían tras de las vidrieras. El olor de la talabartería dominaba la calle entera. Y las muestras más inesperadas
surgían de las fachadas o se recalentaban en las puertas:
monos con zapatos de hebilla y catalejo en la diestra; perros plateados; Neptunos y Liborios de marmolina; negritos con la gorra eléctrica... A la izquierda de la catedral, Antonio tomó una calle en cuesta empinada que
conducía a los muelles. La invisibilidad del mar consti-
tuía una peculiaridad de aquella población. Cuando ya
se escuchaban empellones líquidos bajo el pilotaje de los
espigones, los almacenes, hangares y vagones color de
herrumbe se encargaban todavía de ocultar el agua verde con una barrera inacabable. Por fin, Menegildo per-
cibió un olor de marisma y pudo apoyarse en un parape-

to cuyos ángulos cobijaban diminutas playas de arena
sucia llenas de cachuchas pesqueras.

—¡Eto sí que e grande, caballero!

Allá, frente a la desembocadura del río, se abría el
diorama del horizonte inmenso, salpicado de lentejuelas
resplandecientes. Mar verde, sin espuma, con nervaduras de sal y paquetes de algas viajeras. Un buque de carga, humo a la ciudad, navegaba hacia un cielo en que
nubes con barbas de anciano envolvían un arco de
luna... (Sobre ese arco se habían posado los pies de la
Virgen de la Caridad, cuando apiacó la tormenta que
quiso beberse a Juan Odio, Juan Indio y Juan Esclavo.
En el regazo de las Once Mil Vírgenes se bañaban los
corzas, mientras el macho mordisqueaba semillas al pie
de una «uva caleta», cuyos abanicos aceleraban el correr
de la brisa. El cangrejo, con patas de palo y ojos de peo-
nía, guerreaba en sus fortines de dienteperro. Y un pez
mujer, heredero de eras cuaternarias, moría de soledad
centenaria en alguna ensenada arenosa. Sobre polvo y
ruina de miríadas de caracoles, el manatí, bastardo de
pez y judía, se calentaba el vientre al sol, y los «majases»
viejos, cubiertos de mataduras y pelos blancos, regresaban al Océano maldiciendo al hombre que no los mató
cuando se atravesaron en su camino como liana viviente. ¡Madremar, madrenácar, madreámbar, madrecoral!
Madreazul cuajada de estrellas temblorosas, cuando las
barcas de pesca partían a media noche, llevando una
vela encendida en la proa...) Las aletas de un escualo
cortaron cinco olas niñas que rodaban hacia tierra asi-
das de la mano...

—¿Utedes quieren dal un paseo en bote?

Un pescador tuerto, con los pantalones enrollados a
media pierna, hacía señas a Menegildo desde su embar-
cación.

—¿Por el mar...? ¡Pal cará!

—Por do peseta loj llevo hasta la cortina e San Luí.

Sin responder, Menegildo se alejó apresuradamente

del parapeto seguido por Longina y el negro Antonio.

—¡Si te cae en el mar, suet'ta to e pellejo! —dijo Menegildo sentenciosamente recordando lo que decían los guajiros de tierra adentro.

Siguieron los muelles, donde una grúa amontonaba sacos de azúcar en el vientre de un *Marú* japonés. Algunos marinos noruegos salían de una bodega con las pipas encajadas en la boca hasta el horno. Varias prostitutas, ajadas, miserables, llamaban a los transeúntes desde las puertas entornadas de sus accesorios de catre y palangana. Un aparato de radio dejaba caer sonoridades estridentes sobre las botellas de un bar. Y por todas partes, en bancos, bajo soportales, en la sombra de los quicios, grupos de hombres sin trabajo se refugiaban en el embrutecimiento de una miseria contemplativa que encontraba ya esfuerzo estéril en el gesto de implorar limosnas. Muchos dormían sus borracheras de alcoholes baratos... Cuando se llega a tal estado de abandono, el único modo de maniatar los últimos resabios de la dignidad está en invertir toda moneda en copas de aguardiente. También hoy el alimento de aquellos que aún tienen esperanzas y restos de iniciativa: el «paicao», las «tres chapitas», el siló o el juego a espadas y bastos. Aquello tenía también su poesía:

> *Hagan juego, señores;*
> *Hagan juego.*
> *Veinte por una, el rey;*
> *Veinte por una, el caballo,*
> *Y la suya, veintiuna.*
> *Oro, copa, espada y bastos;*
> *Viene rendida y cansada.*
> *¡Ay, ni una más!*
> *¡Ay, ni una más!*

De la cotidiana aplicación de esta mitología de naipes vivían casi todos los vecinos del Solar de la Lipidia, donde Longina había alquilado una habitación. Habitación con puertas azules que se abrían sobre un vasto patio lleno de sol, colillas de cigarros, chiquillos desnudos y horquetas de tendederas. Un letrero colocado en la entrada prohibía reuniones junto al biombo sucio, constelado de malas palabras, que servía de frontera entre la acera y el interior. Albañiles «sin pega», politiqueros sin candidato, soneros faltos de baile, vendedores de periódicos, dulceros ambulantes, regían un gineceo pigmentado-achinado-canelo que removía al ambiente con sus batas, chales de azafrán, chancletas y aretes de celuloide. Quien no era alimentado por la plancha de la concubina, vivía de la invocación del milagro, en espera de que la faja con hebilla de oro o el *flús* fuese a parar a los estantes de la casa de empeños. Cuando, golpeando un cajón, alguien cantaba:

> *Yo tengo un reló*
> *Longine Roskó.*
> *¡Patente...!*

hacía tiempo ya que el «Longine Roskó» estaba plegado en un bolsillo, en estado de papeleta de La Corona Imperial o El Féni. Sólo dos inquilinos hacían figura de ricos en aquella cuartería: Cándida Valdé, la mulata caliente, cuyo alquiler era pagado por un «peninsular», dueño de tren de lavado, que había adornado la habitación con un baúl de tapa redonda guarnecido de calcomanías, y Crecencio Peñalver, negro presumido, que se desgañitaba cantando arias de ópera apenas la ducha comenzaba a gotear sobre su cabeza —cuando un capricho del «acuedulto» no dejaba a la ciudad entera sin agua. Su voz de barítono y su aire erudito y entendido le permitían vivir de las mujeres, en espera del día en que embarcara para Milán con el fin de «desarrollar la vó» y cantar *Oteyo* en la Escala. Pretendía seguir el ejemplo de aquel ilustre Gumersindo García-Limpo, pariente suyo, según decía, y que su imaginación había creado con tal relieve, que más de un *cronitta* de las Sociedades de color citaba su nombre entre las figuras egregias de la raza. Crescencio Peñalver miraba con arrogancia a sus vecinos, ya que toda oportunidad le era favorable para exhibir un recorte del *Semáforo*, impreso con caracteres de punto desigual, en que se calificaba su interpretación del cuarteto de *Rigoletto* —que cantaba en solista— de «comparable a la de Gumersindo García-Limpo». Pero esto no le impedía comer del puesto de chinos, como los demás, y hacer crujir la colombina de Cándida Valdé cuando el peninsular se iba a repartir la ropa, llevando una cesta elíptica a la cabeza.

Apenas Longina se dispuso a calentar el café para Antonio y Menegildo, comenzaron a llegar visitas. Soltando la plancha, las comadres invadieron la habitación. Ante sus ojos, la condición de excarcelado confería un mérito más al mozo. Casi todos los *maríos* habían pasado por ahí, y sabían lo que era eso. Como las sombras se alargaban en el patio, la tertulia se trasladó al fresco, junto a las bateas y barriles. Atraído por la botella de ron que un chiquillo traía por encargo de Menegildo, Crescencio Peñalver vino a contar su historia. Pronto cundieron sus calderones atronadores.

—¡Cómo canta e negro ese! —exclamaba Menegildo.

... Cuando se encendieron las primeras bombillas, el corro reunía a todo el vecindario. Las botellas vacías se alineaban en un rincón del patio. Elpidio el albañil afinaba su guitarra, mientras los del Sexteto Física Popular, compañeros del negro Antonio, templaban sus tambores. Cándida Valdé contemplaba a Crescencio con incendiaba hostilidad, viendo que todas sus sonrisas se dirigían a Candelaria, la hija de Mersé.

Una gritería general malaxaba conversaciones sobre política, los dolores del parto, el espiritismo, el velorio de mi difunto marío, el verso de la charada, la poca vergüenza del empeñista, la pelota y el «pasmo» de la plancha, al tanto que Crescencio, sin darse por vencido, dominaba el estrépito con las notas agudas de «lan dona emóbile, cuá pluma viento...». Pero los soneros se iban impacientando:

—¡Delirio! ¡Ópera...!

Crescencio, abatido en pleno vuelo, sentenció:

—¡Qué incultura!

Cándida, que ya estallaba de celos, y recordaba que aquella misma mañana el desgraciado ese había saqueado el baúl de las calcomanías en busca de dinero, afianzó el puño en la cadera y gritó ásperamente:

—¡No se ha mirao en el ep'pejo, y quiera hablal en italiano! ¡No cante má basura, compadre!

Dos bofetadas le incendiaron las mejillas.

—¡Desgraciado! ¡Te voy a picar la cara...! ¡Deja que venga mi marío!

—¿E gallego ese?

—¡Má macho que tú!

Tremolaron chales y brazos. El agua lechosa de una batea corrió por las vertientes del patio. Gritos y empellones. Mersé, gateando, trataba de salvar las ropas pisoteadas por los combatientes. Candelaria huyó hacia la calle, tocando «pito de auxilio». Al fin, el policía de posta hizo su aparición. Crescencio se ocultó en las profundidades del solar, mientras Cándida caía en brazos de las mujeres, simulando un ataque. Los tambores del Sexteto comenzaron a sonar. «¡Una mala interpretación! ¡Aquí no ha pasao ná!» El vigilante, perplejo, acabó por aceptar una copa de ron.

Tanta lipidia por un medio de maní.
¡Tú lo pagate y yo lo comí!

A media noche, el policía volvió para reclamar el silencio. Antonio se despidió de Menegildo:

—Y no ov'ide que e rompimiento e pal sábado. Vete reuniendo los cuatro pesos, y cómprate un gallo bien negro. Que no sea muy grande. ¡Ñangaíto y yo te presentamos!

El mozo, algo ebrio, se encerró en la habitación con Longina. Se desnudaron rápidamente. Afuera se oían los ecos de un claxon lejano, los ronquidos del heredero de Gumersindo García-Limpio y las quejas de cachorro de la mulata, narrándole al «peninsular» sus desventuras. Cuando la luna asomó sobre los tejados del solas, dos cuerpos se apretaban aún, tras de una puerta celeste, entre un jarro de café frío y una estampa de San Lázaro.

—¿Veldá que no vamos a volvel al caserío, sssielo?

—¡Aquí e donde se gosa!

35

¡Ecue-Yamba-O!

El Ford renqueaba por carretera constelada de baches. Tuerto de focos, alumbraba débilmente una doble hilera de laureles polvorientos. Detrás, a ambos lados, se alzaba la caña, uniforme, como en todas partes... La «máquina» se detuvo al pie de una colina cubierta de maleza. El negro Antonio hizo bajar a Menegildo. Se cercioró de que el auto volvía a la ciudad y tomó un sendero entre setos de cardón. De trecho en trecho un flamboyán mecía ramos de púrpura sobre sus cabezas.

Pronto alcanzaron un grupo de negros que andaban en la misma dirección:

—Enagüeriero.

—Enagüeriero.

Y un confuso retumbar de tambores comenzó a inquietar la noche surcada de efluvios tibios. Una batería sorda, misteriosa, que parecía colaborar con la naturaleza, repercutiendo en el tronco de los árboles; vago latido —imposible de localizar— que se cernía sobre las frondas y anclaba en los oídos... El ritmo metálico, inflexible, de la ciudad, se había borrado totalmente ante la encantación humana de los atabales. La tierra parecía escuchar con todos sus poros. Las hierbas estaban de puntillas. Las hojas se volvían hacia el ruido.

—Están tocando *llanto* —dijo alguien.

Cien dedos seguían auscultando las sombras.

El pequeño batey triangular, cercado de tablas, ramas y alambre de púas, estaba lleno de *ecobios* y neófitos. Se hablaba en voz baja. En el bohío del Iyamba se encontraban los altos dignatarios de la Potencia, haciendo sonar fúnebremente sus tambores en honor de los muertos que comerían al día siguiente. Un farol de vía, colocado en el suelo, iluminaba caras graves, haciendo crecer fantasmas de manos en las pencas del techo.

Junto al bohío, Menegildo observó una construcción cuadrada, de madera roja, cubierta de yaguas. En la puerta, cerrada, se ostentaba la firma del Juego trazada con tiza amarilla, tal cual se la había enseñado a dibujar el negro Antonio: un círculo, coronado por tres cruces, que encerraba dos triángulos, una palma y una culebra.

—¡El Cuarto Fambá! —exclamó Menegildo sin poder desprender las miradas de aquella puerta que encerraba los secretos supremos, clave de las desconcertantes leyes de equilibrio que rigen la vida de los hombres, esa vida que podía torcerse o llenarse de ventura por la mera intervención de diez granos de maíz colocados de cierta manera.

—Dame el enkiko —dijo el negro Antonio.

El padrino dejó a Menegildo en un rincón del batey, y entró en el bohío con el gallo negro agarrado por las patas. Varias sombras entraron detrás de él, ocultando la llama del farol. Entonces callaron bruscamente los toques de llanto. En la casa se encendieron algunos quinqués. El negro Antonio reapareció, trayendo una venda y un trozo de yeso amarillo. Menegildo estaba trémulo de miedo. De buenas ganas hubiera echado a correr.

—¡Antonio! —imploró.

Pero en aquel momento el negro Antonio estaba muy lejos de su marímbula y del Sexteto Física Popular, de su guante de pelota y de los Panteras de la Loma. No pensaba siquiera en la cálida María la O, ni en la causa pendiente por escándalo en el baile de Juana Lloviznita. La proximidad del juego esotérico le imprimía triple surco en el ceño. Hablaba con voz dura y profunda; el momento no era para bromas ni «rajaduras»:

—Hay que preparalse pal juramento —dijo.

Menegildo se despojó de su camiseta rayada y de sus zapatos de piel de cerdo. Se recogió los pantalones hasta las rodillas. Una medalla de San Lázaro relucía entre sus clavículas. El negro Antonio tomó el yeso y le dibujó una cruz en la frente; una en cada mano, dos en las espaldas, dos en el pecho, y una en cada tobillo. Luego, con gestos bruscos, vendó fuertemente al neófito. Menegildo se sintió asido por un brazo; anduvo hasta el centro del batey. Por el rumor de pasos adivinó que otros eran conducidos como él.

—¡Jíncate!

Luego de hacerlo arrodillar, el negro Antonio le obligó a apoyar los codos en el suelo. Todos los *nuevos* estaban como él, agazapados en círculo.

Se adelantó el portero-Famballén, sosteniendo bajo el brazo un tamborcito adornado con una cola de gallo. La voz del enkiko inmolado comenzó a sonar en la percusión aguda del empegó. (En el corazón de una palma se abrió el ojo dorado de Motoriongo, primer gallo sacrificado por los náñigos de *allá*)... Una serie de golpes secos, entrecortados de pausas bruscas. Y una voz burlona que grita:

—Nazacó, sacó, sacó, sacó, querembá, masangará...

Un gorro puntiagudo, rematado por un penacho de paja, asomó a la puerta del bohío. Se ocultó. Volvió a salir. Desapareció otra vez.

—Nazacó, sacó, sacó...

Una voz gritó detrás de Menegildo:

—Námalo, Arencibia, que no quiere salil...
Las falanges castigaron nuevamente el tambor.
—Námalo má...
La percusión se hizo furiosa, apremiante. Entonces un tremendo cucurucho negro surgió de la casa, seguido por un cuerpo en tablero de ajedrez. Ente sin rostro, con una alta cabezota triangular, fija en los hombros, en cuyo extremo miraban sin mirar dos pupilas de cartón pintado, cosidas con hilo blanco. Sobre el pecho, la extraña cogulla se deshacía en barbas de fibra amarilla. Detrás de la cabezota cónica colgaba un sombrero de copa chata, adornado por un triángulo y una cruz blanca... Cinturón de cencerros y cencerros en los tobillos. Cola de percalina enrollada al cinto. La *escoba amarga* en la diestra, y el *Palo Macombo* —cetro de exorcismos— en la siniestra. ¡Ireme, ireme! ¡La Potencia rompió, yamba-ó!

El Diablito se adelantó, brincando de lado como pájaro en celo, al ritmo cada vez más imperioso del tamborcito. Su danza remozaba tradiciones de grandes mascaradas tabúes y evocaba glorias de cabildos coloniales. Cayendo sin llegar a caer, proyectándose como saltador en cámara lenta, con repiqueteo de marugas y desgarres de rafia, la tarasca mágica saltó por encima del lomo tembloroso de cada neófito, pasándole el gallo tibio y babeante por los hombros, y envolviéndolo en un torbellino de vellón negro, piojillos y plumas.

Cuando hubo purificado a todos, el Diablillo corrió hasta la entrada del batey, y arrojó el enkiko al camino. Luego se ocultó en el bohío. Calló el tamborcito invocador. Los nuevos se levantaron. Cada uno fue conducido por su padrino hasta la entrada de la choza, donde los esperaba el Munifambá de la Potencia. El guardián de los secretos los obligó a girar sobre sí mismos para hacerles perder el sentido de la orientación. Después se les hizo entrar en el bohío, siempre vendados. El Munifambá confió los neófitos al Iyamba. Éste se dirigió grave-

mente al fondo de la habitación y abrió una puerta secreta que conducía al Cuarto Fambá. Los neófitos fueron introducidos en el santuario, uno por uno, y se les
hizo arrodillar ante un altar que no verían durante mucho tiempo todavía: mesa cubierta de papel rojo, rodeada de flores de papel y ofrendas en jícaras y latas, todo
bajo el signo de una cruz católica. Y en el centro, la gar-
bosa arquitectura del Senseribó, con sus cuatro plumas
de avestruces, negras, relucientes, plantadas en los puntos cardinales de un copón ciego, cubierto de conchas.
¡Secreto surtidor de hebras animales! ¡Pluma bengué,
Pluma mogobión, Pluma abacuá, Pluma manantión!
Cuatro plumas, porque cuatro fueron las hojas de *aquellas* palmas. Y donde cimbra la palma, vive la fuerza de
Ecue, que se venera cara al sol, cuando el chivo ha sido
degollado entre cuatro colinas hostiles.

Bajo sus vendas, los ojos de los iniciados se dilataron.
Los invadía un extraño malestar. Algo raro acontecía
detrás de ellos, en un rincón del santuario...
RRRRrrrruuuu... RRRRrrrruuuu... RRRRrrrruuuu...
Algo como croar de sapo, lima que raspa cascos de
mulo, siseo de culebra, queja de cuero torcido. Intermi-
tente, neto, pero inexplicable, el ruido persistía. Partía
de una caja colocada al fondo del cuarto, cubierta por
un trozo de vagua, y atada con bejucos. ¿Tambor, reptil,
cosa mala, queja...? ¡El Ecue...! Menegildo sentía la carne de gallina subirse a sus espaldas, como manta movi-
da por mano invisible. ¿No le había advertido el negro
Antonio que aquello sí era *grande?* ¡El Ecue...! Ya debían
estar cercanos, los postes que hablan, cráneos trepado-
res, vísceras que andan, hechiceros con cuernos, llama-
dores de lluvia y pieles agoreras, que habían asistido,
allá en Guinea, al nacimiento del primer aparato con-
densador del Ecue...

En aquellos tiempos los Obones eran tres, los tambores rituales eran tres, las firmas eran tres. El 4 no había
revelado todavía su poder oculto. Tres Obones, ungidos

ya por la divinidad, deliberaban misteriosamente, al pie
de una palma con sombras de encaje. Pero les faltaba
aún el signo divino que habría de darles fe en su misión... Ya los reyes y príncipes habían comenzado a tro-
car hombres negros por tricornios charolados, tiaras de
abalorios, libreas y entorchados de segunda mano, traídos por marinos rapaces, señores de urcas y galeotas.
Los Obones deliberaban, sin saber que un nazacó, oculto detrás de un aromo, escuchaba sus palabras. Y he
aquí que Sicanecua, negra linda, esposa del hechicero, se
dirige al río Yecanebión, llevando su cántaro al hombro. Por esos años el mundo era más acogedor. Cada
casa de fibra y palma se abría en las sabana como un
Domingo de Ramos. Y Sicanecua cantaba la canción de
las siete cebras que comieron siete hebras y siete lirios,
cuando observó que *algo* bramaba, entre los juncos,
como un buey. ¿Buen enano, duende hoy? Y Sicanecua
atrapa el prodigioso ser-instrumentos, y lo encierra en
su cántaro amasado con barro de calveros. Era un pez
roncador como nunca se viera otro en la comarca. La
mujer corre a mostrar el hallazgo a su marido-nazacó.
Éste rompe el triángulo de los Obones, y les dice. «¡He
aquí el signo esperado!» Con la piel de pez roncador se
construye el primer Ecue-llamador. Y como ninguna
hembra es capaz de guardar secretos, los tres Obones y
el Nazacó degüellan a Sicanecua, y la entierran, con
danzas y cantos, bajo el tronco de la palma. El número
4 había surgido. Y desde entonces, al amparo de Ecue,
los Obones fueron cuatro, cuatro los tambores, cuatro
los símbolos... RRRRrrrruuuu... RRRRrrrruuuu...
RRRRrrrruuuu...

El Iyamba alzó una cazuela, donde el Diablito había
dejado preparada la *Mocuba*. Mojó la cabeza de cada neófito con una gárgara del líquido santo, mezcla de sangre
de Gallo, pólvora, tabaco, pimienta, ajonjolí y aguardiente de caña. El Isué, segundo Obón de la Potencia,
preguntó entonces:

—¡Jura usté decil la verdá?
—¡Sí señol!
—¿Pa qué viene usted a esta Potencia?
—¡Pa socorrel a mi'hermmanos!
El Isué declaró con voz sorda, monótona:

> *Endoco, endiminoco,*
> *Aracoroko, arabé suá.*
> *Enjiko Bagarofía*
> *Aguasiké, El Bongó*
> *Obón.*
> *Iyamba.*

Y los iniciados se santiguaron, salmodiando en coro:

> *Sankantión, Manantión,*
> *dirá.*
> *Sankantión, Manantión,*
> *yubé.*

Los nuevos ecobios fueron sacados del Cuarto Fambá, donde el Ecue seguía sonando con insistencia inquietante —ruido que obsesionaría a Menegildo durante varias semanas. En la habitación principal del bohío cayeron las vendas. Los iniciados se vistieron, y se les presentó a cada miembro de la Potencia. Toparon pectorales. ¡Ya tós debían reconocelse y ayudalse! ¡Pa eso eran hemmanos...! Colgado de un testero, una imagen del Sagrado Corazón de Jesús sonreía en sordina. Menegildo identificó al Iyamba de la Potencia: era el presidente del comité reeleccionista de su barrio.

Afuera, la música sagrada entonó un himno de gracia: porrazos en piel de chivo, síncopas y sacudidas.

36

¡Ireme!

Eribó, écue, écue,
Mosongoribó,
Ecue, écue...

Una marcha de ritmos primarios, resueltos, clara de temas como la Marcha de Turena, cundió en la noche. Pero los cuatro tambores rituales comenzaron a desplazar acentos bajo la melodía demasiado sencilla. El estrépito de batería se fue organizando según las reglas: primer toque confiado al *Bencomo*; segundo, al *cosilleremátambor-de-orden; el Repicador* irrumpió tumultuosamente sobre un tiempo débil, y, finalmente, golpeado en la faz y en los costados, el *Boncó-Enchemillá-tambor-de-Nación* hizo escuchar su bronca llamada. La voz de selvas ancestrales se filtró una vez más a través de los parches afinados con estaca.

Los miembros del Juego se colocaron en círculo, junto a la puerta del bohío. La música sagrada tronaba. Varias botellas de aguardiente y caña santa fueron vaciadas en gaznates resecos.

> *Eribó, écue, écue,*
> *Mosongoribó,*
> *Ecue, écue...*

Ahora, la percusión de los cuatro tambores era enriquecida por bramidos de botijos, tremolina de calabazas encajadas en embudos de mimbre, y chillar de esquilas oxidadas bajo el castigo de una varilla de metal... Salió un nuevo Diablito. La misma cogulla. Los mismos ojos artificiales, fijos, feroces. ¡Cencerros de latón, de paja la barba, de santo el bastón...! Estacazos en las cuñas de las atabales ñáñigos, que no podían templarse al fuego, como los instrumentos profanos. Ahora el tablero blanco y negro del ireme se había vuelto azul sobre azul. El sombrerito redondo estaba bordado con hilo de oro. Hecho un garabato danzante, volvía hacia sus miembros las hebras purificadoras de la *escoba amarga*.

El Diablito se arrodilló a los pies del Iyamba, limpiándolo con la brocha santa. Después recorrió el círculo de iniciados, que se apretujaban codo a codo, andando sobre los pies desnudos que éstos adelantaban, colmados de honor. Bailó cara al levante, invitando al sol a salir; amenazó, bendijo... Parecía capaz de hacer rodar las piedras o llamar las larvas que se retorcían entre los linos de la laguna cercana.

> *Efimere bongó*
> *yamba-ó.*
> *Efimere bongó*
> *yamba-ó.*

Soltó otro Diablito, rosado esta vez. Y uno verde, de seda. Y uno escarlata. Bailaron tafetanes y otros, telas de saco e hilo blanco... Los tocadores en estado de trance, hipnotizados por el ritmo que producían sin tregua, manteniendo a brazo tendido un edificio de ruidos que a cada instante parecía presto a desplomarse, agitaban las manos como meras baquetas de carne, independizadas de sus cuerpos. Sus voces raspaban, más roncas, más alcoholizadas. A la altura de las sienes trepidaba el arsenal de cencerros, calabazas y gangarrias. Y la sinfonía casi arborescente, sinfonía de brujos y elegidos, inventaba nuevos contrapuntos, en tic, tic, de palitos, tam-tam de atabal, tambor de cajón y ecón con ecón.

Cuando la línea clara del amanecer se alzó detrás de las colinas, bailaba un Diablito tuerto, cuyo último ojo, feroz y descosido, evocaba las pupilas montadas en alambre del gran cangrejo de Regla.

> *Efimere bongó*
> *yamba-ó.*
> *Efimere bongó*
> *yamba-ó.*

El día echó a andar por el valle. Mil totís asomaron sus picos negros entre las hojas. Despertó el pescador noruego de un anuncio de la Emulsión, con su heráldico bacalao a cuestas; se hizo visible el rosado fumador de cigarrillos de Virginia, plantado en campiña cubana por hombres del norte. Las sirenas de la ciudad, las chimeneas del puerto, elevaron sus quejas en lejanía, sin que la fiesta detuviera su ímpetu. Los miembros del Juego seguían aullando himnos santos, sojuzgados por el implacable movimiento de la liturgia. Lo único que había variado era la posición del círculo de ecobios que, como corazón de girasol, seguía la ascensión del astro de platino, para que el Diablito pudiera hacer sus oraciones gesticuladas con la frente vuelta hacia el cetro de Eribó... El ron no había faltado. Desde el alba, Menegildo gritaba ya como los otros, aporreando parches al azar y sacudiendo maracas que comenzaban a rajarse...

Hubo, sin embargo, una brusca pausa cuando apareció el portero-Famballén trayendo una enorme cazuela llena de cocido de gallo, con ñame, caña, maní, plátano, ajonjolí y pimienta. (Parte de ese *Iriampo* fue reservado para los muertos, en una vasija de barro, después de la condimentación ritual de palitos de tabaco y pólvora negra.) Los instrumentos rodaron entre las hierbas. Cuarenta manos callosas, de palma rosada, se hundieron en la salsa ácima. El viejo Dominguillo —que había sido lugarteniente de «Manita en el suelo» en los tiempos heroicos en que la Potencia «tierra y arrastrados» pagó espuelas nuevas al capitán General de España—, roía pechugas coriáceas, fijando en lo alto sus ojos llenos de nubes grises.

Mientras los nuevos permanecían recostados en el suelo los *antiguos* comenzaron a acariciar los tambores. Había llegado el momento de entablar competencia de *lengua*, sosteniendo diálogos con las fórmulas ñáñigas apuntadas por los abuelos en las «libretas» del juego. Escandiendo sus frases con toques sordos, Dominguillo inició la litúrgica justa:

—*Quitarse el sombrero, que ha llegado un sabio de la tierra Efó.*

Sobre bajos de repicador, el negro Antonio se acercó al anciano:

—*Soy como tú porque mato gallo.*

—*¿Después que te enseñé me quieres sacar los ojos?*

—*Sólo una vez se castra al chivo.*

—*Mi casa es un colegio de ilustración.*

—*Un palo solo no hace bosque.*

Uno de los antiguos intervino:

—*El sol y la luna están peleando... El muerto llora en su tumba. Cuando me muera, ¿quién me va a cantar?*

El viejo Dominguillo respondió con ímpetu:

—*Muy desprestigiado eres para hablar conmigo. Mata el gallo y echa su sangre en el gran tambor.*

El negro Antonio se dirigió irreverentemente al viejo:

—*Tu madre que era mona en Guinea, quiere ser gente aquí.*

Fijando en él sus ojos sin vida, el anciano respondió con rapidez, aplastando a sus contendientes bajo el peso de cuatro fórmulas ñáñigas perfectas:

—*Me tienen en un rincón como ñáñigo viejo. Pero en Guinea soy Rey. Dios en el cielo y yo en la tierra. Efí bautizó a Ejó y Efó bautizó a Efí.*

Los nuevos aplaudieron. El Iyamba intervino con una frase de precaución ritual para cerrar el debate:

—*Callen, imprudentes, que estamos en tierra de blancos.*

37

Iniciación (c)

Al atardecer, la orquesta santa tronó nuevamente para anunciar la prueba final. El Nazacó del Juego trazó un círculo con pólvora negra frente al templo de las ofrendas, en el lugar del suelo que estaba mejor apisonado por las danzas de los Diablitos. En el centro del misterioso teorema —engomobasoroko de la geometría ñáñiga— fue colocada la olla que contenía el cocido destinado a los muertos. Los nuevos iniciados se arrodillaron en el borde exterior del círculo, mirando la terrible ofrenda. El brujo dibujó siete cruces de pólvora en la zona tabú... Entonces la música se hizo lenta y tajante. Su canto solemne hubiera podido acompañarse con la pedal cristiana de la escena del Graal. El sol, ya rojo y redondo como disco del ferrocarril, parecía haberse detenido sobre el velo de brumas sucias que denunciaba la lejana presencia de la ciudad.

Cara al poniente el brujo gritó a voz en cuello:

Ya, yo, eee.
Ya, yo, eee.
Ya,
yo,
ma,
eee.

Un Diablito negro y rojo surgió del templo empuñando un enorme bastón. El Nazacó fue a agazaparse en uno de los rincones del batey. Cundieron nuevos ritmos de danza. Y el Diablito comenzó a brincar alrededor de la cazuela, haciendo zumbar el palo sobre las cabezas de los ecobios prosternados. ¡Amenaza furiosa! ¡Todos debían saber que los malos espíritus lo designaban como defensor de la bazofia necrológica...! Los músicos habían dejado de cantar. Los redobles de la batería, intermitentes, deshilvanados, jadeantes, creaban una atmósfera de expectación nerviosa que suspendía el latido en los corazones. ¿Quién iría a dar el gran salto de la muerte? El Diablito, iracundo, se agitaba convulsivamente, haciendo bailar su gualdrapa de cencerros.

Entonces el Nazacó encendió las cruces de pólvora con un tizón. Y entre los torbellinos de humo y rojos chisporroteos se vio al diablito de pies desnudos dar saltos locos y hacer molinetes en el aire con su cetro... Rapidísimamente, Menegildo traspuso la frontera del círculo mágico, se zambulló en el fuego sagrado, asió la olla y corrió hacia la entrada del batey dando gritos. El Diablito se lanzó en su persecución. No pudiendo alcanzarlo, regresó al Cuarto Fambá... Los iniciados se levantaron. ¡La cazuela había sido arrojada entre las rocas de una barranca cercana! ¡Ya los muertos habían recibido diezmos y primicias de vivos!

La noche invadía los campos. Sólo unas nubecillas claras navegaban todavía en exiguo mar de azur. Los hermanos recorrieron el batey una vez más, en fila, cantando la marcha litúrgica:

Eribó, écue, écue,
Mosongoribó, écue
Ecue.

Y sin despedirse siquiera, se hundieron en la obscuridad, por grupos, extenuados, lacios, con los nervios desquiciados por dieciocho horas de percusión.

Sin embargo, al verse nuevamente en la ciudad, algunos tuvieron aún el ánimo de recorrer las calles del «Barrio de los Sapos» para admirar la procesión de la Virgen de Baraguá, cuya festividad se celebraba ese día. Erguida sobre una suerte de plataforma portátil, precedida por la murga de los Bomberos del Comercio y llevada entre dos policías, la sagrada imagen parecía bailar, a su vez, sobre las cabezas de la multitud. Cobres ensalivados y clarinetes afónicos entonaban en tiempo lento, como de epitalamio real, el aire de *Mira, mamá, como está José.*

En el portal de la barbería Brazo y Cerebro, alzando la brocha enjabonada como un ostensorio, don Dámaso sonreía a la patrona de su villa. Con las mejillas cubiertas de nieve perfumada, un político de color lo aguardaba rezongando herejías, mientras arañaba con furia el terciopelo verde de un sillón Koken, de marca norteamericana.

38

Niños

A media tarde una sombra transparente llenaba de silencio algunas casas de la cuadra. Las aldabas de las puertas se calentaban al sol y la calle era surcada a veces por la sombra de un aura. Mientras la usina de batea, espuma y plancha zumbaba a sus espaldas, con revuelo de faldas y sucedidos de comadres, Menegildo, sentado frente al solar en el borde de la acera, se divertía interminablemente contemplando los juegos de los niños. Fuera del «dale al que no te da», de «su madre el último» y «con la peste...», elementos constantes, las modas más imprevistas solían variar de día en día el carácter de esos entretenimientos. Una mañana todos los chicos amanecían alzados en coturnos, como trágicos antiguos, con una lata de leche condensada debajo de cada pie. Más tarde, las estacas de la *quimbumbia* iban a encajarse, con chasquido húmedo, en un medio barril lleno de lodo. Luego, el anhelo de ver el mundo desde lo alto se traducía en una fabricación de zancos, en espera del regreso a los «papalotes» de cuchilla, que combatían en el poniente dándose violentos cabezazos de costado... Pero en ciertas ocasiones, los juguetes y tarabillas eran repentinamente olvidados. Los nueve negritos del solar se reunían gravemente en la esquina, junto al Cayuco. El jefe de la partida, arqueando las piernas sobre la reja de la alcantarilla, dictaba órdenes misteriosas. Y los niños partían en fila india, rozando los muros con los dedos, siguiendo aceras altas y accidentadas como senda de montaña.

(...Por el hueco de una tapia penetraban a gatas en un jardín lleno de frutales sin podar y yerbas malas, donde puñados de mariposas blancas se alzaban en vuelo medroso. Los cráneos rapados surgían como pelotas de cuero pardo entre anchas calabazas color de cobre viejo. Cada flor era herida por un prendedor de libélula. Listada de azufre, las avispas gravitaban entre campanas con bordón de azúcar. Olía a almendras verdes y a guayaba fermentada... Los niños se arrastraban hacia el zaguán de la casa desierta y mal custodiada. El Cayuco arrancaba una alcayata, empujaba la puerta y todos entraban en un cobertizo lleno de aire caliente. Sacos de afrecho, dispuestos en tongas asimétricas, formaban una escalera que alcanzaba el borde de un tabique de tablas. Del otro lado, un alto aparador permitía invadir una habitación llena de muebles carcomidos y periódicos amarillos. Era aquélla la Cueva de las jaibas. Pescando en la costa, los chicos habían envidiado muchas veces a los cangrejos, que solían ocultarse en antros de roca llenos de sombras galucas y misteriosas dependencias. ¡Cuánto hubieran dado por tener el alto de un erizo y poder penetrar también en esos laberintos de paz! Ahora, en esa casa inhabitada hallaban el escondrijo apetecido. Cada cual era «jaiba» y aceptaba que aquella habitación se encontraba en el fondo del mar. Si alguno abriera las ventanas, todos morirían ahogados... El hallazgo de la cueva había conferido a los que estaban en el secreto una superioridad sobre todos los chicos del barrio. Los otros adivina-

ban que los fieles de Cayuco disfrutaban de extraordina-
rios privilegios. El rumor de que «poseían una cueva en
el mar», sus desapariciones durante tardes enteras, la arcana alegría que nimbaba sus regresos, quitaban el sueño a muchos envidiosos del vecindario, poniendo en la
atmósfera un olor de prodigio. Se multiplicaban las cá-
balas y tabués, las aldabas brujas, los grafitos absurdos,
la inexplicable necesidad de tocar el caracol que estaba
incrustado en la muralla de la frutería cada vez que se
pasara por ahí... Pero la Cueva de las Jaibas seguía ignorada. Sus propietarios habrían linchado fríamente al
miembro de un clan opuesto que se hubiese aventurado,
por casualidad, en terreno prohibido. Y más ahora, que
habían encontrado a su reina en una gaveta llena de pa-
peles. Era un grabado de revista francesa que mostraba
a una mujer desnuda erguida en una playa. Sus ojos, dibuja-
dos de frente, seguían siempre al observador, cualquiera
que fuera el ángulo en que se colocara. Los niños estaban
obsesionados por esa mirada, que venía acompañada de
una turbadora revelación anatómica. Después de un primer choque con sus sentidos nacientes, esa emoción física había derivado hacia un culto de una pureza sor-
prendente. Todos la amaban con mágico respeto. La
imagen venía a llenar en ellos una necesidad de fervor
religioso. Ninguno se atrevía a pronunciar malas palabras u orinar en su presencia. La contemplaban interminablemente en esa atmósfera sofocante, solos en el pla-
neta, hasta que el Cayuco, haciendo sonar ritualmente
los elásticos de un corsé deshilachado, sentenciaba:

—¡Se cerró!

La reina volvía a su gaveta. Los chicos trepaban al
aparador, descendían los peldaños de sacos, cerraban la
puerta y se zambullían entre las calabazas para reapare-
cer como ludiones negros en el bosque de la tapia...)

En los momentos en que se estimaba necesario «dejar
descansar la cueva», la pandilla del Cayuco variaba de
aspecto, volviéndose de una vulgaridad desesperante. El

carácter nocivo del niño criollo salía a flote, con su ausencia de respeto por las propiedades, pudores, árboles
o bestias. La cola de los cometas se llenaba de navajas
Gillete y filos de vidrio. Se combatía a golpe de inmun-
dicias. Cuando los chicos se desperdigaban por alguna
propiedad de las inmediaciones, asolaban huertas y jar-
dines, apedreando los mangos, desgarrando flores y destruyendo plantíos de calabazas para fabricarse «pitos»
con los tallos huecos. Durante días y días se consagra-
ban, con enojosa insistencia, a lanzar guijarros a los
alumnos del Colegio metodista cuando regresaban de
clase, o a abrirse la bragueta al paso de las niñas bien
peinadas y con calcetines limpios, que emprendían una
fuga digna, apretando nerviosamente sus libros de inglés sobre el pecho. Sabiendo que un vecino tenía una
hermana loca encerrada en una habitación de su casa, tiraban latas y palos al tejado para enfurecer a la demente.
Y cuando aún sonaban sus aullidos detrás del muro, la
pandilla de descamisados lograba encolerizar a un pobre
de espíritu, a quien el apodo absurdo de Caldo de Gallo
era capaz de hacer cometer asesinatos. El viejo tonto de-
senvainaba un cuchillo y se daba a agotar imprecaciones, mientras el puñado de cabezas negras asomaba en
una esquina clamando:

—¡Caldo e Gallo! ¡Caldo e Gallo!

—¡Eto muchacho son un diablo! —pensaba Menegildo conteniendo difícilmente la risa.

Menegildo se reía. Se reía anchamente de esas trave-
suras. De no pensar que «estaba muy grande pa eso»,
habría acompañado gustosamente a la pandilla en sus
recorridos de piratería. Ahora que la ciudad lograba borrar en él todo recuerdo de la vida rural, con las disci-
plinas de sol de savias y de luna que impone a quienes
pisan tierra, el mozo se adaptaba maravillosamente a
una existencia indolente cuyas perezas se iban adentran-
do en su carne. El cuarto estaba pagado con la venta de
los gallos malayos. Longina planchaba para el amante

de Cándida Valdés. Mientras hubiera para lo superfluo, nadie pensaba en los problemas esenciales, que no tardarían en plantearse. Carente de toda conciencia de clase, Menegildo tenía, en cambio, una conciencia total de su facultad de existir. Se *sentía* a sí mismo, pleno, duro, llenando su piel sin espacio perdido, con esa realidad esencial que es la del calor o del frío. Como le fuese permitido «tomar el fresco», fumar algunos vegueros o hacer el amor, sus músculos, sus bronquios, su sexo, le daban una sensación de vivir que excluía toda angustia metafísica. Y ni siquiera un escrúpulo de vagancia lograba inquietarlo, ya que desde el día de su iniciación, los «ecobios» ñáñigos le daban de cuando en cuando la oportunidad de demostrarle a la gente del solar que trabajaba, y que el niño que comenzaba a crecer en el vientre de Longina estaría al amparo de penurias. No era raro que uno de los músicos del Sexteto Física Popular viniera a verlo de parte del negro Antonio:

—Elpidio etá detenío. Necesitamo que venga a tocá bongó eta noche.

—¿Adónde?

—En casa e Juana Lloviznita. ¡Hay baile allá!

—¿Pagan?

—No. Hay ñusa y comía. Pero no te ocupe, que buc'camo alguno peso con lo político...

—¡Barín!

A la caída de la tarde, el contrabajo, la marímbula, el bongó, el güiro y las maracas doblaban la esquina y penetraban en fila en una casa llena de gente. Los músicos se instalaban en el patio, bajo farolillos de color, y el primer son cundía como una marejada por sobre los techos vecinos. Los hombres, en mangas de camisa, luciendo tirantes tornasolados y cinturón de hebilla dorada, comenzaban a girar lentamente, abrazados a las mujeres de trata conseguidas por la dueña. Se bailaba en la sala, en el comedor y en la habitación de Juana, en cuya cama yacían, revueltos, sombreros, cuellos y america-

nas. La fiesta seguía sus fases previstas, en una atmósfera de bestialidad y lujuria triste, hasta que algún borracho comenzara a ponerse pesado... Los músicos no eran
privados de arroz con pollo ni ron. Pero, para obtener
algunos pesos, había que hacer el elogio cantado de algún invitado. El concejal Uñita, Aniceto Quirino («para
senador»), y el representante Juan Pendiente eran sujetos siempre propicios. Pronto nacía un montuno laudatorio:

> *Juan Pendiente,*
> *futuro Presidente...*

Muchas vocaciones de estadistas brotaban de este
modo en los bailes de Juana Lloviznita. Y Menegildo
regresaba al solar con dos pesos en el pañuelo. Había
trabajado y se «había diveltido», que era lo principal.

39

La decapitación del Bautista

Cristalina Valdés, madre de Cándida, vivía en las afueras de la ciudad, en los confines de un barrio que ya olía a vacas y espartillo quemado. Había dos mamoncillos en su patio, un pozo profundísimo, un busto de Lenin y un rosal. En su casa, de catadura colonial, con pisos de baldosas encarnadas, reinaba una continua penumbra. En ménsulas y cornisas de armarios —puntos elevados de aquel interior— se encontraban tinajas, tazas y vasos llenos de agua. En la sala, un retrato de Allán Kardek se avecinaba con un triángulo masónico, un Cristo italiano, el clásico San Lázaro cubano *«printed in Switzerland»,* una efigie de Maceo y una máscara de Víctor Hugo. Según Cristalina Valdés, todos los «hombres grandes» eran *transmisores.* Transmisores de una fuerza cósmica, indefinible, tan presente en el sol como la fecundación de un óvulo o una catástrofe ferroviaria. Por ello, cualquier retrato, busto, modelo, caricatura o fotografía de hombre famoso y muerto que le cayera bajo la vista, venía a enriquecer el archivo iconográfico

de su «Centro Espiritista». Bajo el signo de Allán Kardek, todas las místicas hallaban una justificación. Cato-
licismo, prácticas de *revival*, brujería y hasta lejanas alusiones a Mahoma, el «santo» que unos pocos esclavos habían venerado en los barracones criollos... Además,
Cristalina *sabía*. Sabía cuentos con músicas, de esos que
ya casi nadie era capaz de narrar en el ritmo tradicional.
El cuento del viejo de la talanquera que se casó con la
Reina de España. El cuento del negro vago cuyo campo
fue arado por tres jicoteas. El cuento del negro listo que
metió dos bichos de cada clase en una canoa grande
cuando la bola del mundo se cayó al mar... Cristalina *sabía*. Tanto sabía, que si anunciaba: «Esta talde naiden
pasará por frente a mi casa», el callejón permanecía desierto hasta la puesta del sol.

Cada domingo, al final del día, Cándida traía fieles a
las sesiones del Centro. Elpidio, el albañil, Crescencio
Peñalver, Menegildo y Longina llegaban a la «guagua»
de Las Delicias del Carmelo. Frontera entre el campo y
la ciudad, la casa de Cristalina recibía visita de guajiros
cuyos machetes estaban pringosos de zumo de caña.
Como el «Cuarto Fambá» del Enellegüellé quedaba cerca, Menegildo reconocía algunos escobios entre los presentes. Un gramófono preparaba los ánimos, tocando
«música de iglesia». Cantaban las cuerdas el preludio de
Lohengrin, misteriosamente extraviadas en el trópico, y
se procedía a formar la cadena... Una de las asiduas al
Centro era mal vista por Cristalina: Atilana, mulatica
arribista, cuyas pretensiones a la mediumnidad constituían un continuo peligro para el prestigio de aquellas
veladas. Apenas el ambiente se hacía propicio para acoger los mensajes de la orilla obscura, la intrusa fingía
caer en trance, echando a perder un trabajo preparado
por Cristalina durante varios años... Aquella vez volvió
a producirse el engorroso episodio. Cuando un silencio
cargado de efluvios de axilas pareció anunciar una levi-

tación de objetos, una rotación de mesas, la voz de Atilana rompió la paz:

—¡Hem'mano mío! ¡Yo soy el ep'píritu del Apostolo Martí!

Un zumbido colérico se alzó en el fondo de la sala. Alguien exclamó:

—¡Deja que Cristalina caiga en transe! Tú ni eres *medio* ni eres ná.

—El ep'pritu, el ep'píritu del Apostolo...

Cristalina ordenó:

—¡Rompan la cadena!

Las manos sudorosas perdieron contacto. Pero Atilana proseguía imperturbablemente, fijando en lo alto sus pupilas dilatadas:

—... He venido entre vosotros, hem'mano mío...

Un policía, sentado al lado de Cristalina, creyó hallar un procedimiento decisivo para hacer callar a «la sujeto»:

—Échenle agua malnética.

Cristalina tomó un vaso de agua que estaba colocado en la cornisa de un armario y comenzó a rociar a la muchacha en la frente, en los hombros, en los brazos. Atilana tuvo un sobresalto nervioso. Crispó los dedos y, bajando los párpados, gritó con voz tajante:

—¡Aguanten! ¡Que el instrumento ha tostao café!...

Ante el temor de *pasmarse* —¡y con lo malo que es eso!—, la medium cerró la boca para sumirse en un abatimiento rabioso. La cadena se construyó nuevamente. Pero como ningún espíritu condescendía en responder a las llamadas, se procedió a invocar el de Rosendo... Sesión poco interesante la de aquella noche, pero sesión que tranformó a Menegildo en verdugo de San Juan Bautista, ya que el negocio le fue ofrecido por el negro Antonio en la «guagua» del regreso, bajo la claridad temblorosa del quinqué de carburo, cuya llama en tridente moría y renacía en cada bache de la calzada.

El parque de diversiones fue inaugurado en las inme-

diaciones de la gran carpa de circo que visitaba la ciudad cada año, en otoño. Por la tarde, una parada, inte-
grada por un elefante sucio, un camello con la giba caída, tres hienas y un león enjaulado, a más de algunos coches llenos de acróbatas vestidos de mallas descoloridas,
recorrió la calle principal, seguida por la pandilla del
Cayuco. Al romperse el cortejo se tiraron voladores, y la
multitud invadió un yermo cercado, en que veinte ba-
rracas y una montaña rusa habían surgido del suelo. Un
Bata-clán avecinaba con una choza en que una boca del
Orinoco adormecía su aburrimiento interminable. Más
lejos, un enano proponía pelotas para «bañar al negro»
que tiritaba sin ira en lo alto de una escalera plegadiza.
Un museo reservado exhibía maniquíes enfermos de sí-
filis, a dos pasos del panóptico de fenómenos, cuyo organillo no cesaba de moler una giratoria sinfonía de siete notas.

LA DECAPITACIÓN DEL VAUTISTA
EL ASOMBRO DE LA SIENSIA
Entrada: 10 centavos

En el extremo del parque, en pleno vapor de cebolla
frita, la barraca roja se alzaba, solitaria, con sus pinturas
bárbaras, cabezas cortadas y troncos manando sangre
como pellejos acuchillados. En un estrado de tablas, cubierto por un turbante, vestido con una larga bata roja,
Menegildo se paseaba como fiera acosada, llevando un
hacha de cartón en el hombro. De cuando en cuando
lanzaba un grito estridente, se arrodillaba cara al público, y besaba el hacha, alzándola después en gesto de
ofrenda. Se le había explicado que debía representar «la
salasión de uno que le arrancó la cabeza a un santo». Y
Menegildo, consciente de su papel, daba muestras de un

talento dramático que maravillaba al mismo negro Antonio. El mozo desempeñaba su oficio de verdugo con una convicción absoluta. En horas de trabajo habría decapitado al propio Bautista si el santo, vestido de vellón de oveja, se hubiera aparecido entre los curiosos que rodeaban la barraca. Poco importaba que Crescencio Peñalver, envidioso, declarara que aquello «no era alte ni era ná», y que el mozo estaba «sirviendo de mono». Menegildo se había vuelto personaje en el solar. Medio Pilato, medio actor, se daba buena vida con el peso ganado diariamente en la barraca de los suplicios. El vientre de Longina crecía de día en día. El matrimonio prosperaba. El recuerdo del Central San Lucio iba perdiéndose en cendales de bruma. La casa de los Cué desaparecía entre las cañas, abismándose en un pasado de miseria, de barro y de aislamiento... Todavía debía durar allá el terrible tiempo muerto de calma canicular, de polvo, de tedio, de silencio, a la orilla de plantíos cuyos canutos acababan de hincharse lentamente. El ingenio permanecía mudo. Los relojes tenían doce horas. Se escuchaban las confidencias de la brisa y los vientres estaban apretados...

Una noche, al salir del parque de diversiones, Menegildo se encaminó hacia la casa de Juana Lloviznita, donde debía haber fiesta. Al llegar a la esquina de Pajarito y Agua Tibia, vio una aglomeración anormal en las aceras. Antes de poder enterarse de lo ocurrido, dos jaulas de la policía pasaron a toda velocidad por su lado. En uno de los carruajes divisó a los miembros del Sexteto Física Popular. El segundo estaba lleno de negros que no le eran conocidos. Erguida en el umbral de su casa, gesticulando y escupiendo, Juana lanzaba imprecaciones y mentadas de madre, mientras sus protegidas se marchaban apresuradamente, con los sombreros en la mano. Acababa de pasar lo que más de uno esperaba.

Cuando mejor estaba el baile, los desgraciados del Sexteto Alma Tropical se habían aparecido por la cuadra. Comenzaron a tocar y cantar frente a la casa. Los del Física Popular delegaron a un emisario amenazador para desalojar a los músicos rivales. Recibido a empellones, la pelea se entabló entre los miembros de las dos orquestas. Volaron tambores, reventaron botijas, se astilló el contrabajo y las guitarras quedaron despedazadas. Los uniformes azules aparecían con la primera sangre, prendiendo a todo el mundo.

—¡No tienen fundamento! ¡No tienen fundamento! —sollozaba Juana Lloviznita.

Cuando Menegildo regresó al solar, la noticia había despertado a todo el mundo. Las comadres se mesaban los cabellos. Las maldiciones se perfilaban en la noche del patio lleno de bateas. Y lo grave era que el suceso venía a despertar viejas rencillas, olvidadas desde hacía meses. Chivos eran los habitantes de la ciudad alta, cuyas últimas casas se dispersaban entre las lomas circundantes. Sapos, los vecinos de las calles que terminaban a la orilla del agua salada. Chivos y sapos rivalizaban en las parrandas de Carnaval por presentar los altares más rutilantes y emperifollados. Y sapos todos eran los miembros de la Potencia ñáñiga del Enellegüellé, a la que pertenecía Menegildo, el negro Antonio, Elpidio y los del Sexteto Física Popular. Los chivos tenían su Ebión también: el Efó-Abacara, Potencia de antiguos, cuyo diablito era el maraquero del Alma Tropical. La ortodoxia y el liberalismo volvían a encontrarse frente a frente. Los antiguos sabían más *lengua* que los nuevos. Repetaban rituales que éstos pasaban por alto. Eran más estrictos en la admisión de nuevos «ecobios»... Ahora la guerra estaba declarada. ¡Yamba-ó! ¡Retumbarían las tumbas, renacerían las firmas, el yeso amarillo y el Cuarto Fambá...!

Un sinnúmero de batallas sordas se libraba ya en la ciudad. Mañana día de lotería. Los vendedores de periódicos, acostados al pie de las rotativas bajo frazadas de papel impreso, se miraban con ojos torvos. Bastarían una leve «mala interpretación» para provocar encuentros. Las jícaras de brujería florecían ahora en los umbrales de la casa de la ciudad alta y de la ciudad baja. Los domingos tronaban los cuatro tambores rituales junto a los Cuartos Fambás. La fidelidad a los Ebiones se recrudecía al calor de las hostilidades. Y como la policía estaba sobre aviso, los primeros rompimientos se llevaron a cabo con el mayor secreto. Encerrados en una habitación del solar, los fieles percutían en cajones y sombreros de paja, entre cuatro paredes adornadas con pinturas de un día, representando los atributos y moradas rituales. Los grafitos mostraban la palma de Sicanecua, el pez roncador y el curso sinuoso del río Yecanebión. Entre dos firmas se erguía un Senseribó en miniatura, hecho con un brazalete de cobre y cuatro plumas de gallina. El Diablito era figurado por un muñeco montado en un disco de cartón.

> *Efímere bongó,*
> *¡yamba-ó!*
> *Efímere bongó,*
> *¡yamba-ó!*

Como la temporada del circo había terminado y el Bautista se estaba haciendo decapitar bajo otros cielos, Menegildo no faltaba a las reuniones de su grupo. Había olor a sangre en la atmósfera, aunque ningún combate hubiese opuesto todavía las fuerzas del Efó-Abacara a la del Enellegüellé.

40

El diablo

Nubes de tormenta se cernían sobre la guerra invisible. Los truenos del otoño habían velado el cielo aquella tarde, enfundando el sol y dejando luz de eclipse en la ciudad. Todavía el horizonte no olía a lluvias, y las olas del mar eran tan pesadas que no llevaban espuma. Menegildo estaba tumbado en la colombina, con el pecho húmedo de sudor, cuando el Cayuco entró en la habitación.

—Dice e negro Antonio que vaya pal parque en seguía, que hay un asunto malo por ayá.

—Voy.

Menegildo se abotonó la camisa, se apretó el cinturón y ocultó el cuchillo en uno de sus bolsillos. Bajo el portal del Café de París, el negro Antonio le aguardaba al pie de su sillón de limpiabotas. Tenía el ceño fruncido.

—¿Qué hubo? —preguntó Menegildo.

—¡Quédate por aquí, que puede pasal algo!

—¿Y eso?

—Hay uno del Efó-Abacara que va a venil a bucalme

bronca. Si viene con otro le caemo entre lo dó. Tú hatte
el bobo.

—¡Ya sabe que aquí hay un macho!

Comenzó una espera silenciosa. Antonio lustró dos
pares de zapatos, con aire distraído, atisbando de tiempo en tiempo los cuatro costados de la plaza. De pronto
exclamó entre dientes:

—¡Ahí vienen!

Tres negros, que Menegildo veía por primera vez, se
habían detenido en la esquina más próxima. Uno de
ellos se separó del grupo, acercándose al limpiabotas.
Antonio tomó una expresión distante y hostil, mirando
hacia la gaveta de cepillos y latas de betún. El enemigo
apoyó un brazo en el sillón, con aire de desafío. Antonio comentó, sin inmutarse:

—Hay mucho sitio donde podel uno descansal.

El negro apoyó el otro brazo:

—¡Aquí e donde se está cómodo!

—¡Así se clavó uno!

—¡No se ocupe, que yo no me clavo!

Hubo un instante de expectación. Menegildo se pre-
guntaba lo que estaba esperando el primo para «caerle»
a ese desgraciao, cuando Antonio se levantó súbitamente, echándose una mano al bolsillo:

—¡Mira cómo está el diablo!

En sus dedos crispados, entre uñas rosadas, un pequeño collar de cuentas negras se retorcía como una culebra herida. Lentamente, Antonio alzó la mano hasta
las narices del adversario, cuyos ojos espantados fijaban
el extraño objeto viviente. Dio un salto atrás:

—¡Oye! ¡El diablo está duro!

Y volviéndoles las espaldas fue a reunirse con sus
compañeros en la esquina. Los tres se alejaron rápidamente. El diablo regresó al bolsillo, mientras Menegildo
contemplaba al primo con admiración.

—¡El collar está *trabajao* en forma! —exclamó Antonio—. ¡Con *eso* no hay quien puea!

Menegildo reconstruía mentalmente la ceremonia de preparación de aquellos talismanes. El brujo, sentado detrás de una mesa de madera desnuda, sacando de jícaras llenas de un líquido espeso aquellos collares, aquellas cadenas, que se doblaban en espiral, formaba el 8, dibujaban un círculo, se arrastraban y palpitaban sobre el corazón del hombre con una vida tan real como la que hacía palpitar el corazón del hombre.

—¡Me voy a tenel que comprar un muerto! —sentenció Antonio para sí mismo.

—¿Un muerto?

—Sí. En el sementerio.

Menegildo sintió un escalofrío en la base del cráneo. Paula Macho. Los haitianos de la colonia Adela. Los que manosean huesos. El ciclón. Lo que el viejo Usebio había visto la noche aquella... Pero con Antonio las cosas cambiaban. Las fuerzas malas podían domarse en bien de uno. La niña Zoila mudaba de color y de significado según la orilla en que volara su ánima...

—¡Voy a il esta mima noche! —proseguía Antonio—. Santa Teresa, que es macho un día y hembra al otro día, es la dueña de todos los muertos. Hay que hablarle: «Santa, ¡véndeme un ser!»

—¿Y dipué? —preguntó Menegildo con tono inseguro.

—Tú no pué entendel de eso... Aggún día tú me dirá: «Antonio, ¡tú sabe!»... Uno saca un ser que está malo. ¡Malo! ¡Que no haiga descansao entodavía! Te lo llevas contigo y se lo echa a tu enemigo...

—¿Se lo echa?

—Sí. ¡Se lo suelta!

—¿Y él lo ve?

—¡Ni él, ni tú tampoco! ¡Pero ahí está! Lo coge por el pescuezo y se lo lleva pal sementerio... Y ya el ser puede descansal...

—¿Y si le echan un muelto a uno?

—¡Pa eso traigo el diablo!

Antonio se palpó el bolsillo:

—¡Y está duro!

Su voz cambió de entonación:

—Bueno, ya te puede il. Ellos no vuelven.

—Adió, entonce.

—Adió.

Menegildo se alejó del negro Antonio. Estaba angustiado. ¿Quién podría asegurarle que el adversario de hace rato, al salao ñáñigo ese, no traía un *ser* consigo? ¿No lo llevaría montado en el cogote, como un güije, espíritu malo...? Pero, ¡no! El diablo había estado demasiado cerca. El collar trabajado era una barrera que los mismos muertos no escalaban. Recinto mágico que ponía a los fuertes en situación de sitiados, pero nunca de vencidos.

41

Nochebuena

El día de Nochebuena Cristalina Valdés reunió a todos sus amigos en el Centro Espírita. Estaba convencida que, una vez al año, era necesario crear una corriente
de simpatía en su favor para cargar con ese fluido propicio los invisibles acumuladores de la ventura. ¡Que sus
invitados comieran, bebieran y bailaran bajo su tejado!
Ya el chino de la charada y los terminales de la lotería se
encargarían de desquitarla de los gastos. Aquella vez había llevado la magnificencia hasta matar un lechoncillo.
Abierto sobre un lecho de hojas de guayaba, colocado
sobre un hoyo lleno de rescoldos, el cerdo iba dorándo-
se apetitosamente bajo una constante lluvia de zumo de
naranja agria, orégano y ajos machacados... La gente del
solar llegó al atardecer, seguida por la pandilla del Cayuco. Traídos por Menegildo y el negro Antonio, casi todos los miembros del Enellegüellé estaban presentes. Al
entrar, algunos depositaban en la cocina botellas de
vino dulce, frascos de ron o paquetes de galleticas de
María envueltos en papel transparente. Hacía fresco.

Varias guitarras, los bongoes, cuatro maracas y una enorme marímbula se alinearon a lo largo de las tapias del tranpatio. Los *transmisores* de Cristalina habían salido por una vez de las penumbras de la casa de las ánimas. Lenin, Napoleón, Lincoln, Allá Kardek y el Crucificado estaban alineados en una mesa, en busto y efigie, para presidir la fiesta... Cada invitado se sentó donde pudo. Los primeros tragos fueron servidos en un jarrito de lata que se sacudía antes de pasarlo a otra boca. Se encendieron algunos vegueros. Y el ritmo nació en la tarde. Reinaba una paz inmensa en el ambiente. Para conmemorar el nacimiento del Señor, las fábricas de la ciudad habían suspendido sus resoplidos de asno y buey. En el patio, los chicos jugaban a la *lunita*.

Con motivo de la fiesta, Longina se había envuelto la cabeza en un hermoso pañuelo de seda amarilla. Dos aros de celuloide rojo pendían de sus lóbulos. Cándida Valdés estrenaba zapatos encarnados, y Crescencio llevaba un alfiler de corbata con una clave de *sol* prendido en la solapa de la americana. Antonio lucía jipi nuevo. Menegildo se había rociado el cráneo con *alcohol-colonia*. Algunos invitados traían faroles que se colocaron en tierra alrededor de los músicos. El son comenzó a pasar de la afinación al canto. Después de vibrar en frío, los percutores sonaban con más vigor. Cundió un hai-kai tropicalísimo:

> *Son de Oriente,*
> *son caliente,*
> *mi son de oriente.*

Y todas las voces partieron sobre un mismo ritmo. Las claves se entrechocaban en tres largas y dos breves. Los sonidos se subían a la cabeza como un licor artero. Cada vez más fuerte. Se gritaba ya, sacudiendo los hombros en un anhelo físico de movimiento. El negro Antonio comenzó a bailar solo, tirando de las puntas de un

pañuelo tornasoladso. Se hizo un círculo alrededor de
él.

> *¡Oye cómo suenan las maracas!*
> *¡Oye, cómo suenan los timbales!*

Exclamaciones parecidas a las que se lanzan en las va-
llas de gallos alentaron al bailador, cuya cintura se volvía talle de avispa a fuerza de elasticidad. Sus caderas se
contoneaban con cadencia erótica. Arrojó el pañuelo al
suelo y, sin perder un paso, girando en espiral, lo recogió con los dientes. Hubo gritos de entusiasmo.

La música se exaltaba. Menegildo entró en el círculo.
Los dos bailadores se miraron como bestias que van a
reñir. Comenzaron a dar vueltas, balanceando los hombros y los brazos con movimiento desigual. Se perseguían, se esquivaban, trocaban los sexos alternativamente, reproduciendo un ritual de fuga de la hembra ante el
macho en celo.

—¡Castiga! ¡Quémalo! —gritaban los músicos.

Y la persecución circular cobró más sentido aún.
Cada cual trataba de no quedar de espaldas frente al
otro, evitando el ser *hembra* si era alcanzado con un paso
rápido que simbolizaba la más anormal de las violaciones. Menegildo, ya un poco ebrio, bailaba con tanto estilo que lo dejaron solo... Cuatro manos preludiaron un
toque ñáñigo. El súbito anhelo de reafirmar fidelidad al
Juego amenazado por la insolencia reciente de los chivos,
inducía a los músicos a profanar por unos instantes el
ritmo sagrado. ¡Ojalá el viento llevara esos toques a oídos enemigos! ¡Ya sabrían que los machos de verdad no
se dormían como camarón que se lleva la corriente...!
Una botella fue colocada en el centro del círculo —eje
de una ceremonia que remozaría prácticas de inspirado.
Grave, con las cejas arqueadas, la frente contraída, Menegildo esbozó los pasos del Diablito, limpiándose las
espaldas y los hombros con escoba de cinco dedos y

blandiendo una rama a modo de Palo de Macombo. Gravitaba sobre sí mismo, con los pies casi inmóviles, perfilando saludos circulares de trompo cansado. De pronto su cuerpo se inmovilizó, y un estremecimiento bajó a lo largo de sus miembros hasta sus tobillos. Parecía una memoria rígida, cuyos pies, únicamente, fuesen movidos por una vibración eléctrica. Entonces sus plantas se deslizaron sobre el suelo, temblando vertiginosamente como alas de moscardón. Con los ojos fijos y muy abiertos, los brazos plegados sobre el cuerpo, dueño de misteriosas propiedades para hacer andar una estatua, resbaló literalmente en torno a la botella, trazando tres círculos completos. Dos tambores, golpeados con baqueta, acompañaron esta práctica encantatoria.

Se le aclamó. El Cayuco trajo a Menegilgo un vaso lleno de agua. El mozo lo afianzó entre las espumas obscuras de su cabeza y repitió la danza. Ni un hilo del líquido bajó por sus mejillas.

—¡Caballo fino! —le gritaron, comparándolo con esos caballitos criollos cuyo gualtrapeo es tan picado y nervioso que pueda llevarse un vaso de agua en el pomo de la albarda sin que se derrame una gota.

Menegildo se secó el sudor. El jarro de lata recorrió la concurrencia. Se blandieron costillas de lechón tres veces roídas. El vino dulce y el ron se habían mezclado hasta el mareo. Se reía de todo y de nada. ¡Aquello sí era fiesta! Los mismos *transmisores* parecían divertirse. El rosal, movido por la brisa, acariciaba la testa de Allán Kardek con sus espinas pardas. Lenin parecía meditar bajo el brazo izquierdo de la cruz... La música tronó nuevamente. Esta vez todo el mundo bailó. El Cayuco y sus compañeros inventaban la rumba a treinta pulgadas del suelo. Pero un acuerdo mudo, instintivo, determinó el carácter de una nueva danza. Cristalina, muy excitada, detuvo el impulso de los demás con un gesto y empezó a bailar sola, moviéndose apenas y levantando los pies alternativamente. Todos los invitados comenzaron a andar en círculo alrededor de ella. Las unidades de un primer anillo humano, girando de izquierda a derecha, con todos los brazos levantados y ligeramente inclinados hacia adelante. Las del segundo anillo andaban en sentido contrario, sosteniéndose por la cintura. Entonces los músicos profanaron un ritmo sagrado y toques que sólo corresponden a los tambores religiosos se hicieron escuchar en instrumentos de juerga. Intermitentes y subterráneos, los golpes se encadenaban en una caída de ritmos cuyo equilibrio era roto cada vez y cada vez encontrado. Las voces se alzaron, roncas, en un unísono perfecto:

Olelí,
Olelá.
Olelí,
Olelá.
Olelí,
Olelá.
Olelí,
Olelá.

Un solista declamó lentamente, acentuando cada sílaba:

Jesú-Cristo, transmisol,
Santa Bárbara, transmisol,
Allán Kardek, transmisol,
Olulú, transmisol,
Jesú-Cristo, transmisol,
Yemayá, transmisol...

Y cundía de nuevo la invocación a la vasta fuerza cósmica, que era transmitida por todos los santos de sangre, santos de gracia, santos de ostensorios, santos de sexo, santos de hostia, santos clavados, santos de ola, santos de vino, santos de llaga, santos de mesa, santos

de hacha, santos de alas, santos de burbuja, santos de
Olelí.

> *Olelí,*
> *Olelá.*
> *Olelí,*
> *Olelá.*
> *Y Olelí,*
> *Y Olelá.*
> *Y Olelí,*
> *Y Olelá.*

Los cuerpos giraban, sudorosos, jadeantes, en un rito
evocador de magias asirias. Olelí. Las manos se crispa-
ban. Olelá. La carne se excitada en el contacto de la carne. Olelí... La misma frase, frase rudimentaria, terrible-
mente primitiva, hecha de algunas notas ungidas, era repetida en intensidad creciente. Los círculos magnéticos
se apretaban; los pies casi no hollaban el suelo. Con geometría de sistema planetario, las dos ruedas de carne
gravitaban, una dentro de la otra, como dos cilindros
concéntricos. Las voces raspaban; los ojos rodaban,
atontados. Fuera de los halos vivientes, las manos, mul-
tiplicadas, se encendían sobre pieles de buey y de cabra,
impulsadas por una frenética necesidad de ruido. Un
brusco silencio habría sido más temible que la muerte.
Los animadores del rito giratorio habían dejado de pertenecer al mundo. Sus camisas, empapadas, caían al suelo. Olelí. Los golpes de tambor les repercutían en las
entrañas. Olelá. El aliento de alcohol, un vaho de vientres, de ingles, se malaxaban en un hálito acre y animal.
La gran fuerza bajaría de un instante a otro. Todos lo
presentían. La sangre movía péndulos en las arterias
tensas. Los *transmisores* bailaban ya una ronda invisible
encima de los árboles. Santa Bárbara, Jesucristo y Allán
Kardek arrastraban lo que debía venir hacia el grupo de
invocadores. La puerta arcana se entreabría. Las voces

de la maquinaria humana se extraviaban en licantropía de bramido, gemido, grito agudo. ¡Olelelelí! ¡Olelelelelelelá! Los pechos se apretaban sobre espaldas erizadas. Se corrían más pronto, en una caída continua hacia un orgasmo constelado de estrellas. La puerta se abría. Nevaban hojas. El santo llegaba. ¡Llegaba! ¡Era! Y eran aullidos en el eje de los círculos. La vieja Cristalina se retorcía en tierra, con los ojos abiertos y la boca llena de espuma. Las convulsiones la encogían y estiraban como un resorte. Callaron los tambores.

—¡El santo! ¡Ya le bajó el santo!

La ronda se detuvo.

La mujer, mostrando sus muslos fláccidos, continuaba gritando, puestos los brazos en cruz. ¡El santo la poseía! Era casi divina. Era tragaluz abierto sobre los misterios del más allá. Por ella hubiera sido posible penetrar en el mundo desconocido cuyas fronteras se adelgazaban hasta tener el espesor de un tenue velo de agua... La llevaron al cuarto principal de la casa. Sentada en un taburete, rodeada de vasos magnéticos, contestó como un autómata a las preguntas que se le hicieron al oído. ¡En aquel instante podía dictar líneas de conducta, predecir el futuro, denunciar enemigos, anticipar percances y venturas, hacer llover como los *taitas* de Allá...!

Pero el misterio no debía prolongarse. Milagro que dura deja de ser milagro. Cándida Valdés hizo salir a los invitados y se entregó a una gestión mágica para reanimar a la posesa. El santo se preparó para emprender el vuelo. La puerta se cerraba. Cuando el *son* se hizo oír nuevamente, la puerta estaba cerrada. Había que borrar cuanto antes las emociones de la ceremonia peligrosa:

> *Camina como chévere*
> *y mató a su padre...*

El negro Antonio, Menegildo y Crescencio, esbozaron un «arrollao» para animar a los presentes. El grupo de bailadores, seguido por el Cayuco y la pandilla, recorrió el patio bajo las frondas de los mamoncillos, despertando a las gallinas que dormían en una escalera de mano.

Entonces sonó un ruido extraño: el ruido de las cosas anormales, que altera los ritmos del corazón. Longina, aterrorizada sin saber por qué, se agazapó detrás del barril de agua. Cristalina y Cándida echaron a correr, desapareciendo en la obscuridad. Hacia el *son* se veían saltar sombras en una confusión de torsos y de brazos alumbrados por los faroles cuyos bombillos estallaban. Una bandada de negros había surgido de la noche, arrojándose sobre los invitados. Los tambores y calabazas volaron en el aire. Las mochas cortaron guitarras en dos. Se blandieron cuchillos y palos. Las luces fueron pisoteadas. Cien gritos hendieron las tinieblas. Algunos dedos tocaron sangre.

—¡Efó! ¡Efó! —gritó Antonio.

Menegildo reconoció gente del Juego enemigo a la luz del último quinqué, que fue apagado de una patada. El mozo se arrojó en el montón, cuchillo en mano.

Hubo carreras y choques. El hierro topó con el acero. Y cedió el empuje. Longina vio pasar siluetas espigadas por el pánico. Un negrazo pasó junto al barril sin verla. Blandía un machete. Parecía buscar algo. Entró en la casa. Golpeó las paredes y la cama. Cortó el cuero de los taburetes. Gritó varias veces:

—¡No se escondan, desgraciaos! ¡No se escondan!...

Pero viéndose sola, esta sombra acabó también por desaparecer en la obscuridad.

El silencio se llenó de grillos.

Quiquiribú

Un bulto se movía entre las hierbas. Longina se acercó a gatas. Menegildo yacía de bruces, cubierto de sangre tibia.

—Menegid'do. ¡Qué te pasa, Dió mío...!

Él no contestaba. Trató de alzarse sobre los codos. Cayó nuevamente. Su frente rebotó en la tierra. Longina tocó con sus dedos una ancha herida que le hendía el cuello.

Tuvo un miedo terrible. Se levantó. Giró sobre sí misma, llevándose las manos a la cabeza. Luego corrió hacia el callejón gritando. Pedía luz, gente, ayuda divina. Llamaba a Dios en la noche.

Regresó un momento más tarde, seguida por un vecino que traía un quinqué. El hombre inclinó la luz, colocando una mano cerca de la llama para ver mejor. Longina se arrodilló junto al cuerpo inerte.

Menegildo estaba gris, vaciado de sangre, con la yugular cortada por una cuchillada. Su herida se había llenado de hormigas.

Menegildo

Salomé lavaba trapos a la sombra del platanal de hojas impermeables. Las lentas carretas que renqueaban camino de la romana, se detenían siempre al pie del viejo tamarindo.

Cerdos negros y huesudos en el batey; auras girando bajo las nubes; tierra roja, caña y sol.

—¿Y por allá, bien...?

La invariable pregunta surcaba una vez más el aire tibio, oliente a hierbas calientes y a melaza.

¿Pero quién sería la negra harapienta y sucia que entraba con paso tan resuelto en el dominio rectangular de los Cué? Salomé inmovilizó sus manos en el agua de horchata.

—Señoa Salomé... ¡Yo soy la mujer de Menegid'do!

La mujer miraba a Salomé con aire de perro azotado. Estaba encorvada. Tenía la cara cubierta de polvo y grasa. Su vientre abultado le daba una silueta a la vez grotesca y lamentable... La vieja estalló:

—¡Ah, desgraciá! ¡Hija de mala madre! ¡Tú ere la que

me salaste a mi hijo! ¡Antonio me lo metió en líos, y tú
me lo llevat'te! ¡Desgraciá! ¡Sinvergüenza! ¿Y aónde está
mi jijo?

—¡Lo han matao! ¡Lo han matao!

Salomé gritó:

—¡Ay, Dió mío! ¡Ya sabía yo que le había pasao una
desgrasia! ¡Y tó por curpa tuya! ¡Ay, ay! ¡Salación...!

Los hermanitos de Menegildo, sin comprender, hacían un círculo en torno a las dos mujeres, con las manos metidas en la boca. Salomé se deshacía en impreca-
siones contra Longina. Y ambas lloraban estrepitosamente, frente a frente, repitiendo absurdamente las mismas palabras... Al fin, Longina, con frases deshilvana-
das, narró lo que había pasado la noche del *santo*. Luego,
el velorio, el entierro. Sin un centavo, desesperada,
atontada, queriendo cumplir un obscuro deber, había
salido de la ciudad, había echado a andar y, tres días
más tarde, sin saber cómo, con orientación instintiva de
gato perdido, se encontraba aquí, junto a las torres del
San Lucio. Tenía hambre. Sólo había comido sobras re-
galadas en las bodegas del camino. ¡Pero daba lo mismo! ¡Se quería morir!

Salomé la interrumpió duramente:

—¡Vete a moril a otro lao! ¡No quiero salaciones
aquí!

Longina bajó la cabeza. Atravesó el batey sosteniendo su vientre con las dos manos. Cuando tiraba de la talanquera, Salomé la detuvo:

—Entra en el bohío y coge la casuela con arró que
hay en el fogón de la cocina... ¡Y métete en un rincón
pa que no te vea má...! ¡No quiero que por mí se muera
el jijo de Menegid'do! ¡Sinbelgüenza! ¡Por ti se saló el
muchacho! ¡Desgraciá!

Longina entró en el bohío. Las gallinas salieron revo-
loteando, en señal de protesta contra la presencia de
aquella intrusa. Agazapada junto a la cazuela, Longina

engulló los granos mal cocidos a mano llena... Afuera, Salomé secó los brazos en la hierba:

—Oye. ¡Y pon a sancochal las viandas pal almuerzo! ¡Orita vienen Usebio y Luí...!

Las sombras del humo del Central corrían sobre el suelo como un rebaño de gasas obscuras.

Tres meses después, Menegildo tenía un mes. Era un rorro negro, de ojos saltones y ombligo agresivo. Se retorcía, llorando, en su cama de sacos, bajo las miradas complacidas de Salomé, Longina y el sabio Beruá.

Para preservarlo de daños, una velita de Santa Teresa ardía en su honor ante la cristianísima imagen de San Lázaro-Babayú-Ayé.

Primera versión: Cárcel de La Habana, agosto 1-9 de 1927.
Versión definitiva: París, enero-agosto de 1933.

A

Abanecue. Iniciado en los ritos ñáñigos.

Abayuncar. Conquistar, dominar a una mujer.

Accesoria. Habitación con puerta a la calle.

Alegría de coco. Dulce de coco.

Almácigo. Árbol de Cuba.

Amanisón. No iniciado (en ñáñigo).

Amarrar. Asegurarse el amor o la fidelidad de una persona por medio de filtro, sortilegio o brujería. «Atar.»

Ánima sola. Alma en pena o del Purgatorio, personificación del Dios Eleguá, cuya oración es destinada a las mujeres celosas.

Apapa. Nombre del dialecto ritual ñáñigo.

Arrimarse. Vivir en concubinato.

Arrollao. De *arrollar*. Suerte de marcha-danza afrocubana.

Auras. Aura tiñosa, especie de buitre.

Arruchar. Llevarse todo, sin escrúpulo.

B

Babayú-Ayé.   Divinidad médica afrocubana. Es figurada en los altares por la imagen de San Lázaro.

«Bailar a un muerto.»   Práctica de ciertas sectas (los ñáñigos, por ejemplo) consistente en llevar el ataúd en
hombros, imprimiéndole un leve balanceo ritual.

Banza.   Instrumento haitiano de percusión.

¡Barín!   Expresión de asentimiento: «¡Está bien!»

Barracón.   Vivienda destinada a los esclavos rurales, en
tiempos de la colonia.

Batey.   Espacio ocupado por la fábrica de azúcar, sus
dependencias, plazas y patios. En las casas campesi-
nas: espacio cerrado que rodea a la vivienda y bohío.

Bejuco.   Planta de tallos muy largos y delgados que co-
rren por el suelo o se arrollan a otros vegetales. Lianas.

Bibijagua.   Especie de hormiga grande.

Bocabajo.   Castigo de azotes dado a un esclavo.

Bohío.   Casa campesina, hecha de tablas y hojas de palma, o sólo de hojas de palma (penca y yagua).

Boniato.   Especie de patata de América.

Boniatillo.   Dulce de boniato.

Bongó.   Tambor afrocubano.

Bronca.   Riña, reyerta, escándalo.

C

Cachimbo.   Fábrica de azúcar de poca importancia.

Cachucha.   Bote de pesca.

Cangrejo ciguato.   Cangrejo venenoso que se encuentra
en Cuba, en el campo, a grandes distancias de las costas.

Caña Santa.   Aguardiente de caña.

Carabalí.   Esclavo oriundo de Calabar.

Castillo de Campana-Salomón.   Lugar mítico, donde, según los cuentos afrocubanos, ocurren cosas inverosímiles.

Catedrático. Afecto a alardear de cultura. Negro que se expresa con frases rebuscadas.

Central. El ingenio de azúcar.

Chachá. Especie de sonaja, empleada en las orquestas de baile de la provincia de Santiago.

Charada China. Juego-lotería traído a Cuba por los chinos. Prohibido por las autoridades, ese juego se practicaba a gran escala, no obstante, en las clases humildes del pueblo de Cuba.

Charanga. Orquesta popular de pocos instrumentos.

Chévere. Elegante, matón. Personaje de canción popular con estas características.

Chivar. Embromar, fastidiar; hacer víctima a uno de una mala pasada.

Cimarrón. Esclavo fugitivo.

Claves. Instrumento de percusión, consistente en dos palitos que se entrechocan con sonoridad seca e incisiva.

Cocuyo. Insecto fosforescente que despide una luz verde y brillante.

«Compé». «Amigo», en dialecto haitiano. (Del francés: *compère.)*

Cosa mala. Fantasma, aparición.

Comején. Insecto que horada las maderas.

Conga. Orquesta ambulante, acompañada de comparsa o baile callejero.

Corojo. Fruto del cual se extrae una manteca muy utilizada en brujería y terapéutica campesina.

Cristalina. Especie de caña de azúcar.

Cuarto Fambá. Habitación o lugar sagrado donde se encuentra el altar y los instrumentos del culto ñáñigo.

Culebra. Baile afrocubano y comparsa de la época colonial.

Culona. Máscara burlesca que figuraba en las comparsas del Día de Reyes, en época colonial.

Curros del Manglar.   Esclavos libertos o emancipados, radicados en época colonial en el Barrio del manglar, antiguo suburbio de La Habana. Solían reunirse en una bodega llamada Bodega del Cangrejo.

D

Daño.   Sortilegio de brujería, destinado a causar perjuicio a un enemigo. «Echar un daño...»

Diablito.   Bailarín pintorescamente disfrazado, de las ceremonias ñáñigas. Su papel ritual viene a ser el de un sacristán.

Dienteperro.   Formación rocosa que abunda en las costas de Cuba.

E

Ecón.   Cencerro ñáñigo, utilizado en las ceremonias rituales.

Ecobio.   Amigo, compañero en dialecto ñáñigo.

Ebión.   Nombre de cualquier agrupación o Potencia náñiga.

Eleguá.   Divinidad de la brujería afrocubana, designada también con el nombre de *Ánima sola.*

Elemento.   Gente, mujeres. *El elemento femenino.*

Embó.   Sortilegio de brujería.

Empegó.   Uno de los cuatro tambores rituales ñáñigos.

Enagüeriero.   Fórmula de saludo, en dialecto ñáñigo.

Emgomobasaroko.   Círculo mágico, en cuyo centro se coloca la «comida de los muertos» en las ceremonias de iniciación ñáñiga.

Enkiko.   Gallo con cuya carne se prepara el plano ritual de los ñáñigos.

Eribó.   Entidad abstracta, que es la máxima divinidad venerada por los ñáñigos.

Espada.   Pez de los mares tropicales.

F

Fajar.   Enamorar a una mujer.

¡Fenómeno!   Calificativo de algo excelente, bello o brillante.

Famballén.   Nombre del portero o guardián de los objetos rituales en el culto ñáñigo.

G

Guagua.   Ómnibus.

Guajiro.   Campesino.

Guarapo.   Jugo de la caña de azúcar.

Guardarraya.   Calle en los plantíos de caña.

Guarico.   Ave obscura que vive en la cercanía de los lagunas.

Guasasas.   Moscas diminutas de Cuba.

Guinea.   Nombre con que muchos negros de Cuba siguen designando el África.

Güiro.   Instrumento de percusión, consistente en una larga calabaza estriada que se rasa con una varilla.

Guizazo.   Planta cuyas semillas, guarnecidas en espinas, se adhieren al pelo de los animales, a las ropas, etc.

H

Home.   Parte del terreno de *base-ball* o juego de pelota en que se sitúa el *bateador.*

Horcón.   En los bohíos, madero fijo en el suelo, en cuya cabeza van sentadas las vigas.

I

Ingenio.   Fábrica de azúcar.

Ireme.   Nombre del *Diablito,* en dialecto ñáñigo.

Iriampo.   Comida ritual ñáñiga.

Isué.   Dignatario ñáñigo.

Iyamba.   Uno de los jefes máximos en las agrupaciones
ñáñigas.

J

Jaba.   Alforja.
Jaiba.   Cangrejo de la costa de Cuba.
Jamo.   Red de pescar en forma de manga.
Jíbaro.   Esquivo, rústico, montaraz.
Jícara.   Vasija pequeña, hecha con una media güira
seca.
Jimaguas.   Divinidades mellizas de la brujería afrocuba-
na, figuradas en los altares por dos muñecos de ma-
dera idénticos, cuyos cuellos aparecen reunidos por
un trozo de soga o cordel.
Juego.   Nombre general que recibe cada agrupación o
Potencia ñáñiga. Tres Juegos subsisten en Cuba, se-
gún he podido comprobarlo: el *Efó-Abacara,* el *Ense-
nillén* y el *Enellegüellé.*
Jutía.   Roedor, semejante a una rata grande.

L

Lengua.   «Saber lengua.» Conocer el dialecto ñáñigo.
Liborio.   Figura simbólica de campesino que personifica
al *guajiro* cubano.
Libreta.   Nombre del cuaderno en que aparecen anota-
das, para uso de los fieles, las fórmulas rituales y ex-
presiones más corrientes del dialecto ñáñigo.
Limpieza.   Purificación de un paciente o adepto antes
de someterlo a una práctica de brujería. También pu-
rificar una persona o una vivienda, para ponerla a
salvo de influencias nefastas.
Lipidia.   Discusión ruidosa, desavenencia, escándalo.
Llanto.   «Toque de llanto.» Percusión ñáñiga, destinada
a celebrar la memoria de un muerto o evocar su espíritu por medio del ritmo fúnebre.

M

Majá.   Serpiente de Cuba.

Manatí.   Cetáceo americano de grandes dimensiones.

Manigua.   Terreno inculto, monte cubierto de maleza.

Manguá.   Dinero.

Manita en el suelo.   Famoso jefe de una agrupación ñáñiga, Tierra y Arrastrados, que existió en los suburbios de La Habana a fines del siglo pasado.

Marímbula.   Instrumento afrocubano compuesto de teclas de metal fijas en una caja de resonancia por medio de una varilla de hierro.

Marimbulero.   Tocador de marímbula.

Menear el guarapo.   Azotar a un negro esclavo.

Mocha.   Machete corto, de hoja ancha.

Mocuba.   Líquido hecho con varios ingredientes rituales, destinado a ungir los nuevos afiliados de una agrupación ñáñiga.

Mogote.   Colina o monte rocoso, de forma redondeada y laderas abruptas.

Montuno.   *Son* de melodía corta y repetida. La forma más rudimentaria del *son.*

Manifambá.   Dignatario de Potencia ñáñiga.

Musenga.   Grito de los esclavos cortadores de caña en la época colonial

N y Ñ

Naiden.   Nadie.

Nazacó.   Brujo de índole particular, perteneciente a las agrupaciones ñáñigas, en las cuales figura como uno de los cuatro Obones o grandes dignatarios. Aunque una leyenda relativa a la fundación de esas agrupaciones le atribuye virtudes de hechicería, sus funciones no implican actualmente un particular conocimiento de magia. Su título de brujo tiene un valor meramente ritual.

Novena.   Los nueve jugadores que integran el equipo activo de un club de *base-ball* o juego de pelota.

Ñame.   Raíz comestible del trópico.

Ñáñigo.   De ñañiguismo. Asociaciones secretas de protección mutua, traídas a Cuba por los esclavos negros, y que subsisten aún, algo tranformadas, en algunas poblaciones de la Isla. Sus adeptos pertenecen a las castas inferiores de la población de color de Cuba, aunque suelen contarse entre ellos algunos chinos y blancos. Se ha dicho por error que los ñáñigos practican la brujería, llegándoseles a imputar la perpetración de sacrificios humanos. Pero si bien sus afiliados pueden librarse aisladamente a prácticas mágicas, la hechicería, propiamente dicha, no forma parte del ritual. En sus reuniones, los ñáñigos observan un ceremonial pintoresco y complicado, que incluye cantos, danzas y percusiones de una gran belleza. Poseen un dialecto propio: el *apapa*. Esta secta constituye, en suma, una suerte de masonería popular, dotada de una religión panteísta y abstracta, que mezcla el culto de Eribó —«gran fuerza que lo anima todo»— a la veneración de los antepasados.

Niña Zoila.   Niña que fue raptada y sacrificada hace años por unos brujos. *«Pobre niña Zoila — se la llevaron de noche — se la llevaron en coche...»*, reza una copla popular.

Ñuza.   Aguardiente, bebida fuerte.

O

Obatalá.   Divinidad andrógina de la brujería afrocubana, representada frecuentemente en los altares por el crucifijo.

Obón.   Título de cada uno de los cuatro dignatarios mayores de las agrupaciones ñáñigas.

Oriente.   Provincia de Santiago de Cuba.

Orishas.   Santos, fuerzas, divinidades, en la brujería.

Oso.   Matón. Valentón asalariado.

P

Paicao.   Juego de azar.

Palenque.   Grupo de esclavos fugitivos o cimarrones, que solían reunirse en el monte.

Palmacana.   Especie de palma de Cuba.

Palmiche.   Fruto de la palma real.

Pan.   Colina o monte de silueta redondeada y maciza.

Palo de Macombo.   Suerte de cetro ritual ñáñigo.

Pasmo.   Resfrío.

Pega.   Trabajo, colocación.

Penca.   La hoja de la palma real.

Pipa.   Barril.

«Ponerse pal número.»   Costear. Estar dispuesto a dar dinero para algo.

Peludos.   Una de las comparsas de máscaras que desfilaban por las calles, en época colonial, el Día de Reyes.

Q

Quimbumbia.   Juego de niños.

¡Quinquiribú!   ¡Se murió!

R

Rajarse.   Substraerse a una obligación o compromiso. Abandonar una empresa.

Ramón Cabrera.   Viejo émulo de Nadar, que anunciaba su fotografía, hace años, por medio de unos cañones de madera de forma antigua.

Rastra.   Triángulo de madera en que suele colocarse un barril que contiene el agua destinada a usos domésticos en el campo. Arrastrado por los bueyes, ese trineo en tierra constituye la forma más rudimentaria del carruaje.

Rebumbio.   Fiesta, animación, alegre tumulto.

Regla.   Barrio popular de La Habana.

Rompimiento.   Nombre de la fiesta ñáñiga en que son iniciados los nuevos adeptos o *amanisones*.

Rumba.   Baile afrocubano. Sinónimo de juerga, holgorio.

S

Salación.   Desventura, calamidad. *Echar la salación:* provocar desgracias por medio de prácticas de brujería.

Salao.   a) *Ser un Salao:* hombre vivo, malicioso, astuto; b) *Estar salao:* ser víctima de mala suerte, de calamidad o enfermedad.

Seca.   Sequía.

Senseribó (o Cece-Eribó).   Especie de copón, adornado con plumas y caracoles, que representa en los altares ñáñigos la abstracta potencia Eribó, entidad mayor del culto.

Serrucho.   Pez de los mares tropicales.

Shangó (o Changó).   Uno de los dioses mayores de la brujería cubana representado indistintamente en los altares por la imagen de Santa Bárbara, por un ídolo vestido de encarnado o por un hacha de hierro.

Siló.   Juegos de dados.

Siól.   Deformación popular de *short-stop*, una de las principales figuras del juego de *base-ball* o pelota.

Son.   Baile popular de Cuba.

Sonero.   Músico tocador de *son*. Las orquestas de *son* suelen componerse de seis músicos. De ahí su nombre de *Sexteto*.

T

Tabaco.   Puro.

Talanquera.   Entrada de finca rústica. Puerta de un solo batiente en cerca o barba.

Talamalero. Vendedor de tamales: manjar hecho con harina de maíz y carne de puerco.

Taita. Padre. Título que se da al brujo o al curandero por deferencia.

Tata (o Tá). Papá.

Tiburón. Apodo que dio el pueblo al presidente J. M. Gómez, muy aficionado a la pesca de escualos.

Tintorera. Pez, hembra del tiburón.

Tocador. Músico de orquesta popular.

Tomador. Bebedor.

Trapiche. Molino de caña de azúcar.

«Trabajar». Preparar un objeto o talismán para fines de brujería.

Tres. Especie de guitarra con tres pares de cuerdas.

Tumbadero. Lugar en que se azotaba a los esclavos en época colonial.

Toro. Individuo fuerte o notable por su habilidad en una actividad cualquiera.

V

Vacas gordas. «Tiempo de las vacas gordas»: época de prosperidad, que fue debida a la guerra europea.

Vaudú. Religión fetichista haitiana.

Verso de Charada. Verso o frase que designa la figura o «bicho» correspondiente al número ganador en la *Charada China.* Este *verso* es comunicado a los jugadores por el banquero para inducirlos a jugar de acuerdo con una de las varias interpretaciones que habráan sabido darle.

Vianda. Nombre general de las raíces comestibles del trópico.

Y

Yagua. Parte de la hoja de la palma que se adhiere al tronco.

¡Yam-O!   En el dialecto ñáñigo: *¡Loado seas!*

Yambú.   Especie de *son* afrocubano.

Yemayá.   Nombre afrocubano de la Virgen de la Caridad.

Z

Zafra.   Cosecha de la caña y fabricación del azúcar. «El tiempo de zafra.»

Zumba el mango (Le).   Expresión popular que califica de extraordinaria o excelente una persona o cosa.

III   La ciudad